*Historia
de la Monja Alférez,
Catalina de Erauso,
escrita por ella misma*

Letras Hispánicas

Historia
de la Monja Alférez, Catalina de Erauso, escrita por ella misma

Edición de Ángel Esteban

CÁTEDRA

LETRAS HISPÁNICAS

Ilustración de cubierta: J. Villar, *La Monja Alférez, Catalina de Erauso*

© Ediciones Cátedra (Grupo Anaya, S. A.), 2002
Juan Ignacio Luca de Tena, 15. 28027 Madrid
Depósito legal: M. 6.833-2002
I.S.B.N.: 84-376-1956-4
Printed in Spain
Impreso en Anzos, S. L.
Fuenlabrada (Madrid)

Índice

INTRODUCCIÓN 9

La verdad de las mentiras: el *género* literario 12
Los manuscritos, la autoría y las ediciones 25
La comedia de Pérez Montalván 39
Las mentiras de la verdad: el *género* sexual 43
La mujer, la escritura, la autobiografía 54
Medias verdades, medias mentiras: el *género* picaresco 69
Una pícara vasca en América 77

ESTA EDICIÓN 83

BIBLIOGRAFÍA 85

HISTORIA DE LA MONJA ALFÉREZ, DOÑA CATALINA DE ERAU-
SO ESCRITA POR ELLA MISMA 91

Capítulo primero. Su patria, padres, nacimiento, educación,
fuga y correrías por varias partes de España 93
Capítulo II. Parte de Sanlúcar para Punta de Araya, Carta-
gena, Nombre de Dios y Panamá 99
Capítulo III. De Panamá pasa con su amo Urquiza, merca-
der de Trujillo, al puerto de Paita, y de allí a la villa de
Saña 101
Capítulo IV. De Saña pasa a Trujillo. Mata a uno 107
Capítulo V. Parte de Trujillo a Lima 108
Capítulo VI. Llega a la Concepción de Chile y halla allí a su
hermano. Pasa a Paicabí, hállase en la batalla de Valdivia,
gana una bandera. Retírase al Nacimiento, va al valle de
Purén. Vuelve a la Concepción, mata a dos y a su propio
hermano 111

Capítulo VII. Parte de la Concepción a Tucumán 120

Capítulo VIII. Parte de Tucumán a Potosí 124

Capítulo IX. Parte del Potosí a los Chuncos 127

Capítulo X. Pasa a la ciudad de la Plata 129

Capítulo XI. Pásase a las Charcas 132

Capítulo XII. Parte de las Charcas a Piscobamba 135

Capítulo XIII. Pasa a la ciudad de Cochabamba, y vuelve
a la Plata 138

Capítulo XIV. Pasa de la Plata a Piscobamba y a la Mizque 142

Capítulo XV. Pasa a la ciudad de la Paz: mata a uno 144

Capítulo XVI. Parte a la ciudad del Cuzco 146

Capítulo XVII. Pasa a Lima; de allí sale contra el Holandés.
Piérdese y acógese a su armada; échanle a la costa de Paita,
de allí vuelve a Lima 147

Capítulo XVIII. Mata en el Cuzco al nuevo Cid quedando
herida 152

Capítulo XIX. Parte del Cuzco para Guamanga, pasa por el
puente de Andahuailas y Guancavélica 155

Capítulo XX. Entra en Guamanga, y lo que allí le sucedió
hasta descubrirse al señor obispo 158

Capítulo XXI. Pasa de Guamanga a Lima, por mandado
del señor arzobispo, en hábito de monja, y entra en el
convento de la Trinidad. Sale de allí, vuelve a Guamanga, y continúa para Santa Fe de Bogotá y Tenerife 163

Capítulo XXII. Embárcase en Tenerife y pasa a Cartagena,
y de aquí parte para España en la flota 166

Capítulo XXIII. Parte de Cádiz a Sevilla, de Sevilla a Madrid, a Pamplona y a Roma; pero habiendo sido robada
en el Piamonte, vuelve a España 168

Capítulo XXIV. Parte de Madrid a Barcelona 170

Capítulo XXV. Parte de Barcelona a Génova, y de allí a
Roma 172

Capítulo XXVI. De Roma viene a Nápoles 175

APÉNDICES 177

Introducción

Novicia, militar, virgen y casi mártir, pendenciera, pasional, disfrazada casi toda su vida de hombre, Catalina de Erauso, más conocida como La Monja Alférez, es una de las figuras más controvertidas y excepcionales de nuestro Siglo de Oro. Vasca de nacimiento, pasó gran parte de su vida en tierras americanas, desempeñando diferentes oficios y participando en acciones militares. Cuando volvió a España, su fama era ya considerable a ambos lados del Atlántico, hasta el punto de que fue recibida por el rey Felipe IV a principios de 1626, quien le concedió una pensión vitalicia por los servicios prestados a la Corona, y por el Santo Padre meses más tarde, el cual le permitió seguir vistiendo como hombre y continuar con su existencia andariega. En ese mismo viaje fue nombrada ciudadana de honor de Roma.

Alrededor de su figura se ha creado un mito que llega hasta nuestros días, alimentado por varios factores:

1. La existencia de una autobiografía de la que no conocemos el manuscrito principal, por lo que no se sabe a ciencia cierta si fue ella quien la escribió personalmente, si la dictó a otra persona o fue un escritor anónimo quien redactó la obra.

2. El conocimiento de varios manuscritos que han ido apareciendo a lo largo del tiempo y que añaden elementos polémicos a su ya acusada personalidad.

3. Las continuas exageraciones que se describen en los manuscritos, casi todas relacionadas con lances de honor, aventuras o episodios bélicos.

4. La mezcla de ficción y realidad en los relatos, con datos a todas luces falsos o erróneos, si los contrastamos con documentos históricos de la misma época.

5. El hecho de que toda esta leyenda gire en torno a la vida de una mujer, ya que el protagonismo de las mujeres en la sociedad de aquella época era casi nulo.

6. La ambigüedad creada en relación con el género, pues rara vez nos descubre sus verdaderos sentimientos o inclinaciones sexuales, manteniéndose además virgen durante toda la vida y en atuendo de varón.

La verdad de las mentiras: el «género» literario

Las fronteras entre realidad y ficción en la obra literaria nunca son nítidas, y en la época en que nos movemos tampoco lo son entre los géneros literarios narrativos y los historiográficos. A esto hay que añadir la carencia de datos a la que nos vemos abocados al no conocer de primera mano la paternidad de los textos y el propósito de su autor. Anderson Imbert aseguraba que si la autobiografía atribuida a la Monja Alférez fuera auténtica «(que no lo creemos) la colonia tendría su novelita»[1]. Es decir, si el texto que subyace a la edición que cita Anderson (la de Ferrer de 1829) fuera realmente el original de Catalina de Erauso, habría que adelantar dos siglos el nacimiento de la novela en Hispanoamérica, con todo lo que ello supone. Ahora bien, lo que más nos interesa a este respecto no es adscribir la obra a un tipo de escritura concreto, ni establecer una clasificación que englobe un corpus o un canon de obras por modelos o géneros literarios, sino observar esta obra desde la perspectiva de su condición híbrida, con rasgos narrativos y elementos cercanos a la crónica o la relación, con técnicas escriturarias que repiten tópicos literarios utilizados sólo por escritores bien formados y datos que aportan sólo los historiadores o cronistas, sucesos verosímiles contrastados con documentos históricos y anécdotas que rayan la fantasía o la hipérbole. Porque partimos de la base de que los elementos empíricos y contrastables serán muy útiles al filólo-

---

[1] Enrique Anderson Imbert, *Historia de la literatura hispanoamericana*, México, Fondo de Cultura Económica, 1970, t. I, pág. 124.

go, pero que, igualmente, la fantasía, la imaginación o la exageración resultan altamente provechosas para las necesidades científicas del historiador, ya que en ese bagaje, en ese material hay claves importantes para describir la idiosincrasia americana, la identidad de un pueblo que se nutre del contacto de varias culturas de ambos lados del Atlántico, en un principio descrita por los españoles que viajan a América y allí se instalan e interpretan el mundo, como es el caso de Catalina de Erauso. Ciertamente, el historiador ha sido reticente, durante mucho tiempo, a tomar en serio los fragmentos imaginativos de las obras narrativas o historiográficas, los mitos, las leyendas, las parodias, los tópicos literarios medievales, etc., pues «el material legendario, al ser juzgado como inserción ociosa, pierde, *ipso facto*, el posible significado histórico y formal que sin duda posee». Sin embargo, continúa afirmando Pupo Walker, «en esos fragmentos perviven, con toda claridad, estadios elementales de interpretación cultural y de la actividad literaria; además, en ellos están inscritas formas primigenias del pensamiento americano que el inventario a secas nunca elucidará»[2]. Por eso, un estudio erudito, filológico y científico que quiera servir a la historia no debe omitir los elementos creativos, sino que debe integrarlos, pues al ser considerados dentro del contexto de la obra, con todas sus circunstancias —incluidas las del autor o protagonista—, contribuye al análisis histórico global del texto. El positivismo decimonónico junto con el nacimiento de las ciencias historiográficas, creó un concepto de historia ciertamente moderno, del que vivimos todavía, y que contrastaba con el moralismo y pragmatismo de épocas anteriores, que no siempre identificaba verdad con realidad o dato empírico. Ahora bien, esa actitud científica olvidaba las fructíferas y necesarias interacciones que se dan entre los productos artísticos y la evolución de las sociedades. Así lo afirma Octavio Paz:

> La relación entre sociedad y literatura no es la de causa y efecto. El vínculo entre una y otra es, a un tiempo, necesario,

[2] Enrique Pupo Walker, *La vocación literaria del pensamiento histórico en América*, Madrid, Gredos, 1982, pág. 17.

contradictorio e imprevisible. La literatura expresa a la sociedad; al expresarla, la cambia, la contradice o la niega. Al retratarla, la inventa; al inventarla, la revela[3].

Y la revela porque, cualquier narración, sea histórica o ficticia, obliga al lector a imaginar el ámbito externo e interno de lo relatado, y esa imagen evocada por el lector, aunque sea libre, está previamente inducida por el material que el narrador ha impuesto, y guarda una estrecha relación no sólo con el contenido de lo propuesto, sino con la misma manera de exponer el material, es decir, con la forma literaria y los impulsos de la creación. El historiador, aunque elabore un texto donde los elementos imaginativos son considerables, no se desvía del contorno socio-cultural en el que escribe. Por ello, «la estructura narrativa será en buena medida una esquematización de la mentalidad del narrador y de los valores culturales que informan su pensamiento»[4].

La diferencia entre el historiador *objetivo* y frío, y el cronista, narrador, etc., estriba en que el primero aporta exclusivamente los datos, el documento preciso, pero el segundo se sirve del dato para conseguir una expresividad mayor en lo narrado. Las ventajas de este segundo sistema las describe así Pupo Walker:

> La escritura ejecutada desde el impulso imaginativo crea, en consecuencia, un sistema independiente de relaciones que transponen los signos culturales para infiltrar en la obra connotaciones suplementarias. Al identificar ese importante viraje, logramos acceso al estrato narrativo que distingue a la creación literaria como tal; en esos casos presenciamos, sin más, el acto que logra una recodificación del marco referencial y que, a su vez, impone un nuevo significante a la relación histórica como tal[5].

Es más, en ocasiones, el discurso narrativo o propiamente literario puede ofrecer más detalles que el mero discurso his-

---

[3] Octavio Paz, *Tiempo nublado,* Barcelona, Seix Barral, 1967, pág. 160.
[4] Enrique Pupo Walker, *op. cit.,* pág. 23.
[5] Enrique Pupo Walker, *op. cit.,* pág. 25.

tórico ordenado, ya que aquél da a conocer de un modo más profundo —generalmente— las circunstancias, los detalles y transformaciones que padece un contexto geográfico, en una sincronía determinada, así como aquéllas que son propias del mismo sujeto que narra. El protagonista suele desaparecer en los textos históricos, mientras que en los literarios el autor es parte importante de lo creado en el texto. La Monja Alférez no se propone explicitar ciertos aspectos de la evolución de la colonización imperial española en América en el siglo XVII, ni dar cuenta del estado de los conventos españoles de la época, pero lo hace, a la vez que se coloca ella misma en esos paisajes y elabora un cuadro bastante completo, habitado, de la vida de ciertas capas sociales en un lugar y tiempo determinados. De hecho, algunos críticos interesados en la obra han considerado que independientemente del valor literario del texto hay que atender al significado histórico, siendo muy útil para expertos en sociología e historia, para todos aquellos que deseen investigar la naturaleza de la conquista española[6]. En muchas ocasiones, refiere una aventura sucedida en cualquier ciudad de América, y revela datos de personajes históricos, lugares concretos, empresas militares, etc., antes de proceder a la descripción del suceso. Pues bien, esa información, que es introductoria y complementaria de la digresión o relato intercalado, no debe ser considerada como simple marco referencial sino como una parte esencial del relato, ya que es el conjunto el que produce el efecto deseado en el lector. La digresión, la materia interpolada «se desarrolla como un eficaz punto de relación entre el plano conceptual y la materia expositiva del discurso, o viceversa. La digresión creativa viene a ser entonces un delicado artificio de contrapunto, que más de una vez impulsa el flujo moroso de la narración, al despertar mecanismos analógicos muy variados en la mente del lector»[7].

[6] Roslyn M. Frank, «Carta-evaluación de la edición de *Vida i sucesos*», dirigida a David W. Fòster, 27 de agosto de 1990, págs. 4-5. Cit. por Rima de Vallbona, en la introducción a su edición crítica de *Vida i sucesos de la Monja Alférez (Autobiografía atribuida a doña Catalina de Erauso)*, Arizona State University, Centre for Latin American Studies, 1992, pág. 11.
[7] Enrique Pupo Walker, *op. cit.*, pág. 31.

Todo esto, que se cumple en casi todas las tradiciones culturales de occidente, en el caso del contacto entre España y América a partir del siglo XVI es particularmente importante, ya que el encuentro entre el carácter de la naturaleza, tan distinta a la europea, y la inclinación hacia lo mítico y lo legendario consolidan poco a poco un peculiar desarrollo de la imaginación y la creatividad, que no opera de modo caótico, ni se reduce al juego literario, estético, sino que ordena y organiza el material histórico, demostrando así que el sustrato mítico ha sido desde el principio un elemento más, y muy importante, de la misma realidad americana, y la descripción del proceso ha servido de base a los críticos actuales para definir conceptos como «realismo mágico», «barroquismo innato», «lo real maravilloso», etc.

Al plantearnos, entonces, desde esta rica perspectiva el género literario de la obra relativa a la Monja Alférez, debemos formularla considerando su historicidad, pero también desde el punto de vista de los elementos que se combinan con los históricos, y convierten la autobiografía en un texto de ficción. Se trata de una mujer española que escribe (o dicta), a posteriori aunque muy cercana a los hechos, fundamentalmente sobre sucesos que le ocurren en el Nuevo Mundo, y en la que se cumple aquello que Bernardino de Sahagún afirmaba sobre los españoles que, «si no tienen mucho aviso, a pocos años andando de su llegada a esta tierra se hacen otros»[8]. Se puede decir que el texto de Catalina de Erauso contiene caracteres propios de las relaciones y crónicas coetáneas de los españoles en Indias, los libros de viajes, la autobiografía literaria y la novela picaresca. Sin embargo, no cuadra exactamente con la relación o la crónica de los grandes historiadores de Indias, con sus excelentes y prolijos tratados donde describen, con un orden y una estructura envidiables, los rasgos esenciales de toda una cultura precolombina o los primeros pasos de una colectividad hispánica recién instalada en América. Tampoco es absolutamente identificable con los libros de viajes al estilo del *Lazarillo de ciegos caminantes* de Concolorcorvo, aun-

---

[8] Bernardino de Sahagún, *Historia General de las cosas de la Nueva España*, México, 1938, t. III, pág. 82.

que tiene caracteres similares, sino que más bien adopta un sesgo cercano al relato de aventuras autobiográficas como los *Naufragios* de Cabeza de Vaca, o al relato picaresco de tradición hispánica. Obviamente, no se puede afirmar con rotundidad que se trata de una novela, picaresca en este caso, pero los elementos narrativos, las continuas exageraciones, las digresiones, etc., acercan esta obra a lo que Anderson Imbert denomina los «bosquejos novelísticos» coloniales, añadiendo que «la narrativa comenzó en el Nuevo Mundo como había comenzado en el viejo: en la historiografía»[9]. Carpentier va más allá en esa relación entre narrativa de ficción e historia y adelanta varios siglos el nacimiento de la novela en América, al afirmar que «Bernal Díaz del Castillo es mucho más novelista que los autores de muy famosos romances de caballería» y reconocer que nunca pudo «establecer distingos muy válidos entre la condición del cronista y la del novelista», y que esa conclusión es válida hasta nuestros días:

> Por lo tanto, no veo más camino para el novelista nuestro en este umbral del siglo XXI que aceptar la muy honrosa condición de cronista mayor, Cronista de Indias, de nuestro mundo sometido a trascendentales mutaciones, cuyos signos anunciadores aparecen ya en muchos lugares del mapa[10].

Ya en la Edad Media, algún teórico había meditado sobre la relación entre la narración ficticia y la historia. Joaquín de Fiore (siglo XII), en su *Evangelio eterno,* apuntó un concepto de historia en el que lo imaginativo tenía un papel primordial. Así, en muchas ocasiones, podemos observar procedimientos estéticos, descriptivos y estructurales similares en crónicas, historias y novelas de caballerías medievales, que van más allá de la pura expresión y llegan hasta la misma concepción del texto[11].

---

[9] Enrique Anderson Imbert, *op. cit.,* pág. 117.

[10] Alejo Carpentier, *La novela latinoamericana en vísperas de un nuevo siglo y otros ensayos,* Madrid, Siglo XXI, 1981, pág. 25.

[11] Cfr. Enrique Pupo Walker, *op. cit.,* págs. 29-31. En esas páginas demuestra la enorme relación entre distintos géneros literarios y pone abundantes ejemplos, como los paralelismos entre el *Amadís de Gaula* y la *Crónica General* de Alfonso X el Sabio, o el enlace entre el *Poema de Alfonso Onceno* y el *Amadís.*

Existe, sin embargo, una cierta dificultad para denominar novelas a las obras con contenido imaginativo e histórico en el Siglo de Oro colonial. Desde el poder imperial se atacaba ese tipo de narraciones, porque se consideraba subversivo a todo texto fantástico o imaginativo. Una Real Cédula de 1531 prohibía «los libros de romances de historias vanas o de profanidad, como son de Amadís, e otros desta calidad, porque es mal ejercicio para los Indios, e cosa en que no es bien que se ocupen ni lean», y otra de 1543 intentaba evitar que los indios asimilaran la Biblia a estos otros libros imaginarios, y minusvaloraran el valor histórico y moral del texto sagrado[12]. Fernando Alegría explica así la ausencia de novela en el Nuevo Mundo:

> Los escritores de la Conquista y la Colonia concebían la labor literaria como una «misión», ya sea didáctica —dar a conocer América a Europa, educar a los indios y colonias— o eulogística en forma de prosa histórica y poesía épica. Desdeñaron la novela, que en la época seguía la moda caballeresca, picaresca y pastoril, y, particularmente, la temieron por el descrédito moral en que había caído en la Península. Por otra parte, la novela, como género literario que demanda concentración y continuidad sistemática en su elaboración, debió descorazonar a los aprendices de literatos de la Colonia, que en su mayor parte resultaron brillantes improvisadores de crónicas y de epopeyas[13].

De esto eran conscientes los mismos autores que asistieron al despertar del género en la primera mitad del XIX. Mitre, al escribir el prólogo a su novela *Soledad,* en 1846, repasaba la historia de la novela en América y emitía juicios muy válidos sobre la evolución del género en relación con la madurez de las sociedades donde se manifiesta:

> La América del Sud es la parte del mundo más pobre en novelistas originales. Si tratásemos de investigar las causas de

---

[12] Cfr. Fernando Aínsa, *Identidad cultural de Iberoamérica en su narrativa,* Madrid, Gredos, 1986, pág. 119.

[13] Fernando Alegría, *Historia de la novela hispanoamericana,* México, De Andrea, 1966, págs. 13-14.

esta pobreza diríamos que parece que la novela es la más alta expresión de civilización de un pueblo, a semejanza de aquellos frutos que sólo brotan cuando el árbol está en toda la plenitud de su desarrollo. La forma narrativa viene sólo en la segunda edad de los pueblos, cuando la sociedad se completa, la civilización se desarrolla, la esfera intelectual se ensancha y se hace indispensable una nueva forma que concrete los diversos elementos que forman la vida del pueblo llegado a ese estado de madurez[14].

Todos estos argumentos, y muchos más que se podrían aducir, son certeros. Sin embargo, nadie puede dudar de la gran riqueza de narratividad que contiene la literatura colonial, y el enorme despliegue de la imaginación que los escritores de Indias desarrollan para describir un mundo tan peculiar, tan distinto al europeo y tan lleno de matices en la naturaleza y en el modo de construir una sociedad que ya no es europea ni indígena sino sincretizada. Por eso, numerosos críticos han visto determinantes literarios muy cercanos a la novela en obras como *Claribalte* (1519)[15] del historiador Gonzalo Fernández de Oviedo, *Siglo de Oro en las selvas de Erifile* (1608) de Bernardo de Valbuena, la *Historia Tragicómica de don Henrique de Castro* (1617)[16], *Los sirgueros de la Virgen sin original pecado* (1620) de Francisco Bramón, el *Cautiverio feliz* (1663) de Francisco Núñez de Pineda y Bascuñán, *El Carnero* (1636?) de Juan Rodríguez Freyle, los *Infortunios de Alonso Ramírez* (1690) de Carlos Sigüenza y Góngora y el *Lazarillo de ciegos caminantes* (1773) de Concolorcorvo, e incluso en otras, más discutibles, como los *Naufragios* (1542)[17], *El pastor de Noche-*

---

14 Cit. por Fernando Alegría, *op. cit.*, pág. 122.

15 Cedomil Goic es muy claro a este respecto, al afirmar que sin duda «el primer novelista de la literatura hispanoamericana colonial es Gonzalo Fernández de Oviedo», en *Historia y Crítica de la Literatura Hispanoamericana. I: La Época Colonial,* Barcelona, Crítica, 1988, pág. 376. La obra *Claribalte* ha sido considerada también como la primera novela hispanoamericana por Daymond Turner en un artículo de 1964 en la revista *Romance Language Notes:* «Oviedo's *Claribalte:* The First American Novel» (págs. 65-68).

16 Primera novela histórica hispanoamericana, según Goic, *op. cit.,* pág. 379.

17 Dice Anderson Imbert: «Parece una novela de aventuras, con el encanto de un desenlace feliz» *(op. cit.,* pág. 40).

buena (1644), de Juan de Palafox y Mendoza, *Miscelánea austral* (1602), de Diego Dávalos y Figueroa, o una imaginable e hipotética versión en prosa de *La Araucana*[18]. De todos estos bosquejos novelescos coloniales (para algunos críticos verdaderas novelas) se llega a la conclusión de que, en la Colonia, hubo cuatro modelos narrativos fundamentales: los libros de caballerías, la novela manierista, la novela barroca y un grupo más amplio con «narraciones de características más modernas que mezclan en dosis variables episodios verdaderos y ficticios con finalidad de construir ejemplos intencionalmente dirigidos a la comunidad o a los Príncipes, al modo de muchos relatos clásicos, aparentes narraciones autobiográficas o libros de viajes imaginarios»[19]. Y es precisamente a este último subgénero al que la obra de la Monja Alférez pertenece. Se trata de una narración autobiográfica combinada con materiales propios de libros de viajes de la época, y con un estilo picaresco, también muy común en el Siglo de Oro hispánico. Catalina de Erauso se escapa del convento en el que sus padres la habían metido a los cuatro años y decide comenzar una vida independiente, vestida de hombre, que la lleva hasta América, un lugar donde podría pasar desapercibida y actuar con una libertad que le estaba negada en la Península. Así comienza el periplo de esta vasca en busca de su identidad, y así entra en el prolífico mundo de los europeos que tratan de conseguir en el Nuevo Mundo un lugar para la expansión individual, el centro ansiado, creando un género peculiar de literatura de viajes y aventuras, a mitad de camino entre la ficción literaria y la historia, como afirma el exordio de la obra clave del género de viajes, el *Lazarillo de ciegos caminantes:*

> Los viageros (aquí entro yo), respecto de los historiadores, son lo mismo que los lazarillos, en comparación de los ciegos. Éstos solicitan siempre unos hábiles zagales para que dirijan sus pasos y les den aquellas noticias precisas para componer sus canciones, con que deleytan al público y aseguran su

---

[18] Arturo Torres Rioseco, *La novela en América*, Berkeley, Univ. California Press, 1939.

[19] Fernando Aínsa, *op. cit.*, pág. 120.

subsistencia. Aquéllos, como de superior orden, recogen las memorias de los viageros más distinguidos en la veracidad y talento[20].

Este testimonio gana interés cuando, en el principio del exordio, rompe una lanza en favor de la *fábula* con respecto a la *historia*, por el servicio que presta la primera a la segunda y porque enseña deleitando:

> Si fuera cierta la opinión común, o llámese vulgar, que viagero y embustero son synónimos, se debía preferir la lectura de la Fábula a la de la Historia. No se puede dudar, con razón, que la general extractó su principal fondo de los viageros, y que algunas particulares se han escrito sobre la fe de sus relaciones [...]. Supuesta, pues, la incertidumbre de la Historia, buelvo a decir, se debe preferir la lectura y estudio de la Fábula, porque siendo ésta parto de una imaginación libre y desembarazada, instruye y deleyta más[21].

Fernando Aínsa relaciona éstos con otros textos como los *Infortunios* o los *Naufragios*, y llega a la conclusión de que «todas estas obras, a las que podrían añadirse otras Crónicas y Relaciones de viajes, fundan una tradición literaria cuyas expresiones se estructuran más orgánicamente con el nacimiento de la narrativa iberoamericana a principios del siglo XIX. Los héroes sin hogar, los vagabundos que viajan sin afincarse realmente en ninguna parte, anuncian ya una constante de movimiento en la que la identidad cultural americana exterioriza su desajuste más profundo»[22].

Catalina de Erauso es sin duda uno de esos héroes sin hogar que prefiguran la narrativa del XIX. Lleva consigo todos los elementos característicos del personaje tipo: huida del entorno familiar y social por motivos personales, deseo de autorrealización, servicio a varios amos y participación en aventuras y escarceos, guerras y lances de honor, ocultamiento del

---

[20] Concolorcorvo, *Lazarillo de ciegos caminantes*, Madrid, Editora Nacional, ed. de Antonio Lorente Medina, 1980, pág. 70.
[21] Concolorcorvo, *op. cit.*, págs. 65-66.
[22] Fernando Aínsa, *op. cit.*, págs. 170-171.

pasado y búsqueda de un centro (identidad), etc. Porque, desde el mismo descubrimiento, el espacio americano —tanto del norte como del sur— fue identificado por el europeo con el lugar donde debería encontrarse el paraíso perdido, la tierra prometida y el ámbito propio donde la utopía es posible. De hecho, la proliferación en Europa de textos utópicos a partir del XVI tiene una base americana, desde la *Utopía* de Tomás Moro o la *Nueva Atlántida* de Francis Bacon hasta la *Cittá del sole* de Campanella[23]. La construcción de la identidad, base de la esperanza en el encuentro del paraíso perdido, significa que el europeo ha entrado en un conflicto por el que su ubicación natural se ha desestabilizado, y ha decidido desaparecer. Generalmente, el proceso lleva consigo una metamorfosis del sujeto, porque al desplazarse geográficamente se produce también un desplazamiento de la identidad, y la búsqueda de otro centro presupone el cambio en todos los puntos equidistantes del centro que componen la identidad. Aínsa, utilizando el concepto de «círculo de la forma», elaborado por Victor Von Weizsäcker[24], explica el contexto existencial a partir del cual los viajeros, como la Monja Alférez, desplazan su ámbito de identidad para conseguir, a través del movimiento, el centro deseado:

> Todo hombre es el punto nodal de una serie de fuerzas que confluyen radialmente desde diferentes puntos del espacio circundante en su persona. Uniendo todos esos puntos entre sí, con el yo individual como punto céntrico, se tiene la imagen de un círculo que incluye todo lo que es encuentro entre el individuo y el resto del mundo. Esta representación de un círculo no pasa de ser una imagen, porque el hombre tiende siempre a estar en desarrollo y mantiene una permanente actividad de relación y percepción [...]. Esta idea del cír-

---

[23] Cfr. Fernando Aínsa, *op. cit.*, págs. 192 y ss. El crítico aragonés da cuenta, muy acertadamente, de las fuentes americanas de los *paraísos* utópicos que construyen los filósofos europeos, y pone en relación esta tendencia con las creaciones de los diversos paraísos de algunas religiones, como el Jardín del Edén judío, el Walhala de los tibetanos o el jardín de las delicias del *Corán*.

[24] En *Der Gestaltkreis: Theorie der Einheit von Warehmen und Bemegen*, Stuttgart, Georg Thieme Verlag, 1946.

culo de la forma implica la aceptación de los principios de coherencia y armonía del contorno, porque la unidad que un individuo forma con su mundo, tiende naturalmente a un cierto orden y a una coherencia mínima [...]. El principio de la coherencia de una identidad cultural está basado en el encuentro, es decir, en la capacidad de comunicación y diálogo a establecerse entre ese punto nodal y los demás puntos variables del espacio[25].

Cuando la armonía y la coherencia se han roto, y el círculo ha perdido las distancias iniciales que lo comunican con los puntos del espacio vital propio, el viaje supone la plasmación de la dinamicidad del sujeto, decidido a ubicarse en otro centro y salvar su identidad. Continúa Aínsa: «En efecto, toda búsqueda de identidad se manifiesta psicológicamente por un anhelo de locomoción, tanto por lo que éste expresa como estado de actividad o andar en algo, como por lo que supone de traslado en sí mismo, inherente al cambio de escenario y a la potencial integración en alguno de ellos. Se confunde la acción con la locomoción misma, el *Wanderschaft*, entendido como andar detrás de algo, con lo que no es más que un correr de un lado para otro»[26]. En efecto, la ambigüedad sexual y existencial de la Monja Alférez la lleva a recorrer gran parte de la Península —primero— y enormes extensiones de territorio americano sin explicar el sentido de la búsqueda ni reparar en la conveniencia de los oficios que desempeña o los ejércitos en los que milita. El único aspecto positivo del paso por tantos espacios es el cambio que se produce en su percepción de la naturaleza, aspecto común a los aventureros que recalan en el Nuevo Mundo y a sus narraciones, lo que permite integrar un sistema de lugares y mitigar los temores a lo desconocido y a la hostilidad de un paisaje caótico. Existen dos tipos de *centros*, que darán lugar, a su vez, a dos modelos narrativos: la selva y la ciudad. Cada uno de ellos dará lugar a un tipo de narrativa en el momento de la gran explosión del género de ficción en Hispanoamérica, el si-

[25] Fernando Aínsa, *op. cit.*, pág. 199.
[26] Fernando Aínsa, *op. cit.*, pág. 201.

glo xx. Durante las primeras décadas el héroe buscará su identidad y su centro en los ambientes lejanos a las urbes: la selva, la pampa, el llano. Más adelante, y debido al desarrollo inusitado de los grandes centros urbanos y al gran desplazamiento que allí se produce, la narrativa llevará al héroe hasta los núcleos más habitados para descubrir allí las contradicciones internas de la identidad personal y las características de las nuevas configuraciones sociales. Pues bien, en el inicio del fenómeno narrativo hispanoamericano, el conquistador, colonizador o viajero se instala en cualquier núcleo para comenzar allí una vida más auténtica, y el lugar escogido —selva o ciudad— se convierte en el centro simbólico. Cuando se trata de la selva, el héroe casi siempre se diluye en el medio y acaba siendo absorbido por él, después de sortear obstáculos y ser sometido a pruebas. Cuando se fundan las ciudades, el establecimiento de los personajes bajo un techo defensor y acogedor, y la revelación de la existencia de nuevos lazos sociales permiten al héroe asentarse y asimilar ese asentamiento como definitivo. La narración se vuelve menos conflictiva y angustiada, y se observa un esfuerzo por la integración con un medio que nunca ha sido el propio pero que, en algunos casos, acaba siéndolo. Para la Monja Alférez, ese asentamiento nunca se produce, porque la ambigüedad del personaje es total: viene dada por la primera huida, la ocultación del sexo y del tipo de vida que se le impuso, y la clara necesidad de independencia. América se convierte en el espacio ideal para la libertad, pero pagada a un gran precio, el de continuar huyendo con el fin de salvaguardar la ambigüedad hasta el límite, es decir, hasta el momento en que se encuentra en el umbral de la muerte. Como afirmara Mary Elizabeth Perry, «Erauso found that geographic mobility in both Spain and the New World helped her to avoid the law and also those close and continuing friendships that could threaten her new identity with awkward questions»[27].

---

[27] Mary Elizabeth Perry, «From Convent to Battlefield: Cross-Dressing and Gendering the Self in the New World of Imperial Spain», *Queer Iberia: Sexualities, Cultures, and Crossings from the Middle Ages to the Renaissance,* Duke UP., Josiah Blackmore and Gregory S. Hutcheson editors, 1999, pág. 399.

Lo más sorprendente de la obra no es quizá la historia que se cuenta, sino el hecho de ser una mujer quien se presenta como yo autobiográfico de tales aventuras. El problema fundamental que se plantea al estudiar el texto es que no sabemos si fue ella quien lo escribió, si contó la historia a otra persona que redactó el texto, si un tercero se documentó sobre el conocido periplo y puso esa información por escrito, o si, incluso, la comedia del discípulo de Lope de Vega, Juan Pérez de Montalván, titulada *La Monja Alférez, comedia famosa* (1626?) pudo haber sido la fuente del relato. Y no lo sabemos a ciencia cierta porque no conocemos el original manuscrito, ni hay una edición del siglo XVII. La crítica opina que el texto primitivo pudo ser escrito en fechas cercanas a los mismos hechos, por la cantidad de detalles que se aportan y la familiaridad del narrador con los personajes y situaciones que se describen. José María de Heredia, el más ilustre de sus prologuistas, asegura que ella misma «comenzó a escribir o dictar —su autobiografía—, el 18 de septiembre del año 1624, cuando volvía a entrar en España en el galeón "San José". Fue, sin duda, por entretener la ociosidad de las largas jornadas de travesía (...); tal vez por la imperiosa necesidad de descargar su conciencia y de quitarse un peso del corazón. En la forzada inacción, prisionera, cansada de recorrer el puente del navío, se complació en revivir con el pensamiento las aventuras pasadas»[28]. Pero es Rima de Vallbona quien comenta con más

---

[28] José María de Heredia, «Prólogo» a *Historia de la Monja Alférez (doña Catalina de Erauso), escrita por ella misma e ilustrada con notas y documentos por don Joaquín M.ª de Ferrer*, Madrid, Tipográfica Renovación, Biblioteca de «El Sol», 1918, pág. VIII. En la primera página del prefacio (V) asegura que escribió el relato «de su mano, más diestra en manejar la espada que la pluma», y que se trata de una «verdadera historia, en la que muchas veces nos comunica la emoción terriblemente fuerte de la verdad». Aunque citamos por la edición de 1918, el prólogo del poeta francés apareció anteriormente en la traducción de las memorias de Erauso que él mismo hizo, editada en París, Lemérre, 1894, y de la que se conservan pocos ejemplares. La Biblioteca Nacional de Madrid, en su sección «Raros e incunables», posee un ejemplar.

detenimiento esa cercanía del narrador a los hechos, pues «varios indicios en el relato mismo podrían tomarse como otra prueba de que en algunas secuencias el texto corresponde a una época cercana y hasta contemporánea a la de Catalina de Erauso». Después de enumerar situaciones en las que relaciona los hechos descritos con la actualidad de la escritura (hace un año vi, ahora es Cónsul, vive hoy en..., etc.), concluye:

> No hay duda de que en esas páginas la narradora está muy cerca de las personalidades de la época y se ha codeado con ellas, pues en diferentes secuencias narrativas, distantes entre sí, las menciona sin equivocar sus atributos. Este efectivo recurso da unidad al relato; también hace que los detalles históricos sin trascendencia queden permanentemente revitalizados por la evocación creativa[29].

En efecto, estos indicios nos acercan a la hipótesis de que el manuscrito aún no encontrado pueda ser obra de la propia protagonista del texto, pues las mismas características se conservan en todas las versiones conocidas, que son copias del supuesto original. Es un dato verificado que ese original fue entregado por la Monja Alférez en 1625 al editor Bernardino de Guzmán, en Madrid, para su publicación, pero a partir de ahí se le pierde la pista[30]. Encarnación Juárez opina que, aunque muchos críticos aseguran que Catalina de Erauso dictó sus memorias a un escribano, práctica también utilizada en la época por Leonor López de Córdoba e Ignacio de Loyola, en el caso de la Monja Alférez, «su formación en el convento y la frecuente práctica de relatar su vida (como testimonia en su relato), tanto al vivo como en los pedimentos que escribe al rey, la capacitan para escribir»[31]. El hecho es que no se oye

---

[29] Rima de Vallbona, *op. cit.*, pág. 15.
[30] Heredia, en el prefacio citado, pág. VI, afirma que en 1625 Bernardino de Guzmán publicó una relación de las memorias de la Monja en Madrid, y Simón Fajardo hizo lo mismo en Sevilla, pero no se conservan ejemplares de esas ediciones. Rima de Vallbona (*op. cit.*, pág. 2) cita la entrega del manuscrito a Bernardino de Guzmán.
[31] Encarnación Juárez, «Autobiografías de mujeres en la Edad Media y el Siglo de Oro y el canon literario», *Monographic Review-Revista Monográfica*, 13 (1997), pág. 161.

hablar más de ese primer texto, aunque es posible que pudiera haber llegado él o una copia, a mediados del siglo XVIII, a manos de Domingo de Urbizu, Alguacil Mayor de la Casa de Contratación de Sevilla. En el siglo XVII figura un encomendero de Capacho y Regidor de su Cabildo en San Cristóbal, el Capitán Domingo de Urbizu, y además se sabe también que Catalina de Erauso fue empleada y protegida del comerciante Juan de Urbizu, desde Panamá a la ciudad peruana de Trujillo, y puede que por ese contacto el manuscrito fuera a parar a manos de la familia[32]. Pues bien, del cuaderno que guardaba Domingo de Urbizu sacó una copia el poeta Cándido María Trigueros en la segunda mitad del XVIII, de la cual se han servido muchos de los editores del texto. Todo apunta a que la copia que llega hasta este punto es distinta al original pero bastante fiel a lo que debió ser la escritura primitiva. Se trata del texto titulado *Vida i sucesos de la Monja Alférez, o Alférez Catarina, doña Catarina de Araujo doncella, natural de San Sebastián, provincia de Guipúzcoa. Escrita por ella misma en 18 de septiembre de 1646 bolviendo de las Yndias a España en el galeón San Josef, Capitán Andrés Otón, en la flota de Nueva España, General, don Juan de Benavides, general de la armada, Tomás de la Raspuru, que llegó a Cádiz en 18 de Noviembre 1646.* Este manuscrito está hoy depositado en la Biblioteca de la Real Academia de la Historia de Madrid con el número XXVIII, A-70, y pertenece a la Colección de Juan Bautista Muñoz y Ferrándiz (1745-1799), historiador y Cosmógrafo Mayor de Indias, autor de una inconclusa *Historia del Nuevo Mundo*, el cual copió el texto suministrado por Trigueros, es decir, la copia anterior, y apuntó al final de la última página la fecha en que se realizó la nueva copia: el 24 de mayo de 1784. A pesar de su importancia, no ha sido publicado como tal hasta fecha muy cercana, ya que todas las ediciones se han basado en la primera, que hiciera sobre la base de este manuscrito, pero con variantes, Joaquín María Ferrer en 1829 en París. En 1992 ve la luz la edición del texto depositado en la Academia de la His-

---

[32] Datos suministrados por Lucas G. Castillo Lara en su obra *La asombrosa historia de doña Catalina de Erauso, La Monja Alférez, y sus prodigiosas aventuras en Indias (1602-1624)*, Caracas, Planeta, Biblioteca Andina, 1992, pág. 11.

toria, al cuidado de Rima de Vallbona, quien desde hacía décadas venía investigando con gran acierto todo lo relativo a los manuscritos, variantes y significado de la obra y el personaje para la historia del Siglo de Oro hispánico. Es, sin duda, la mejor edición que se ha hecho hasta la fecha, y la única realmente crítica. Rima de Vallbona considera que «en la base del texto de *Vida i sucesos* subyace el original autógrafo de Catalina de Erauso (o el relato oral de sus aventuras hecho por ella misma), ampliado por interpolaciones de secuencias narrativas increíbles, las cuales no se han podido cotejar con documentos relativos a la época o a la misma Monja Alférez»[33].

El manuscrito de la Real Academia es bastante fiel a la veracidad histórica, con la excepción de esas interpolaciones y algunos datos —por ejemplo, fechas— equivocados. Todo ello es verificable si se realiza el cotejo con diversos documentos, como las descripciones que hacen del personaje Pedro della Valle o Fray Nicolás de Rentería, las cartas, relaciones, pedimentos, testamentos, memoriales, que se conservan en diversas bibliotecas o archivos (Madrid, Sevilla, etc.), documentos parroquiales, cédulas reales, historias del Nuevo Mundo, relaciones y memoriales de virreyes, textos biográficos sobre personas que con ella coincidieron, etc. Rima de Vallbona hizo una lista de los errores que el manuscrito posee con respecto a los datos suministrados por otros documentos o ediciones de la obra, entre los que destacan la fecha de nacimiento de Erauso (fue probablemente en 1592, y no en 1585)[34], el nombre de Catalina de Alizi (que en la partida del convento de monjas de San Sebastián aparece como Aliri), el de Úrsula de Saraute, a la que cita como priora de ese con-

---

[33] Rima de Vallbona, *op. cit.,* pág. 8.

[34] La mayor parte de los críticos e historiadores da como buena la fecha de 1592, que es la que aparece en la partida de bautismo de la iglesia parroquial de San Vicente levita y mártir, de San Sebastián. Sin embargo, ella comienza su narración afirmando que nació en San Sebastián en 1585. La edición de Ferrer y, por tanto, las posteriores, incurren en el mismo error. Otra posible fecha de nacimiento es 1578, aunque ésta es más improbable todavía, pues la fuente es la inscripción en el retrato que le hizo Pacheco en 1630, donde afirma que tenía 52 años en aquel momento (*Aetatis suae 52 anno,* dice textualmente).

vento (y no lo fue, mientras que su verdadero nombre era Úrsula de Unza y Sarasti), la fecha del primer viaje a América (1602, frente al dato del documento del Archivo General de Indias, que dice 1603), la de la expedición a las Salinas de Araya (1602, pero tuvo lugar en 1605), los cargos de secretario del Gobernador Alonso de Ribera (cita al Capitán Miguel de Erauso, que sólo fue alférez, mientras que aquel cargo lo ostentó Domingo de Eraso), de ayudante de sargento mayor para ella misma (que sólo fue alférez), o de gobernador de Chile para Alonso de Saravia (que se llamaba Diego Bravo de Saravia, y fue maestre de campo), la fecha de retorno a España (dice 1646, y fue en 1624) o el tiempo pasado en la cárcel del Piamonte (dice 50 días, pero sólo fueron 14), etc.[35].

En cuanto a la presentación formal del texto conviene aclarar que mantiene muchos elementos pertenecientes a un estadio de la lengua anterior al siglo XIX. En las ediciones de Ferrer u otras posteriores, algunos de esos rasgos se han modernizado. Es, por ejemplo, común, la grafía «i» para la conjunción «y», la «x» para la «j» actual (excepto «page» y «pasage»), que desaparece en el XIX, la grafía «qu-» en lugar de «cu-», etc. El verbo «haber» mantiene la grafía «v», «volver» utiliza «b» en la primera sílaba, «llevar» prefiere también la «b», y el pretérito imperfecto se realiza en «-ava». Es usual la «z» ante las vocales «e», «i». Abundan las dobles consonantes, sobre todo la «ss» (también «mm», «pp»), y algunos arcaísmos como «sanctidad», «recebir», «escriptura», «charidad», «respecto», «Pirú», etc. Asimismo, la morfosintaxis posee elementos como la «s» en verbos en primera persona del plural con pronombres enclíticos («entrámosnos»), expresiones como «diz que», «haber» con sentido de «coger», abundancia de pronombres enclíticos, la expresión «en + gerundio», el polisíndeton, la anteposición del artículo al posesivo («una su amiga»), etc.[36].

Ahora bien, no se sabe a ciencia cierta si Trigueros respetó el original que copió, o bien realizó una obra distinta, con muchos detalles de su propio estilo e invención. Menéndez

---

[35] Cfr. Rima de Vallbona, *op. cit.*, pág. 14.
[36] Cfr. Rima de Vallbona, *op. cit.*, págs. 24-27.

Pelayo, siguiendo a Serrano y Sanz, asegura que el texto fue inventado por Trigueros, forzando el original, ya que este poeta era «conocido por otras falsificaciones literarias y que tenía cierto talento para ellas. El manuscrito que copió Muñoz en Sevilla y que imprimió Ferrer era suyo y nadie ha vuelto a verlo ni se conoce ningún otro. Los anacronismos y errores geográficos de la relación son palpables y todo induce a creer que Trigueros compuso la novela valiéndose de las relaciones impresas en el siglo XVII (dos diversas en la Biblioteca Nacional) y de otros documentos relativos al Perú»[37]. Pero Menéndez Pelayo nunca vio el manuscrito de la Academia de la Historia. Para ofrecer esa opinión de un modo tan tajante y definitivo, se basaba en la gran habilidad de Trigueros para adaptar obras clásicas, para mejorarlas incluso. Además, enseguida se descubrió que el tomo de poesías de Melchor Díaz de Toledo, poeta desconocido, que Trigueros publicó en 1776, era un documento falso, ya que había imitado el lenguaje del siglo XVI con bastantes deficiencias, pues utilizaba muchos elementos pertenecientes a épocas anteriores. Esta opinión coincide básicamente con la expresada por Berruezo en el prólogo a su edición de la obra: «este clérigo, Trigueros, oriundo de Toledo, pero radicado en Carmona y en Sevilla, es posible que tuviera algo que ver con la autoría del manuscrito, copiado por Juan B. Muñoz y editado más tarde por Ferrer»[38]. A pesar de todo, Rima de Vallbona opina que es probable que Trigueros hiciera una copia bastante aproximada al original y, por ende, la copia de Muñoz que se encuentra en la Academia sea también parecida al primer texto. Para ello se basa en el hecho de que los anacronismos y errores geográficos existen, pero son muy pocos, a pesar de que uno de ellos es fundamental: la fecha de nacimiento, que se adelanta en siete años. Este error es grave, pues se trata de una autobiografía, pero bien pudo ser una malinterpretación del que oyó el relato de boca de Catalina de Erauso, o un error de alguno de

[37] Marcelino Menéndez y Pelayo, «Carta del 16 de enero de 1904, a don Carmelo Echegaray», *Boletín de la Biblioteca Menéndez Pelayo*, 1925, pág. 369.

[38] José Berruezo (ed), *Historia de la Monja Alférez, doña Catalina de Erauso, escrita por ella misma*, Pamplona, Ed. Gómez, 1959, pág. 12.

los copistas. Por otro lado, Juan Bautista Muñoz, quien copió su manuscrito del de Trigueros, fue un erudito con gran experiencia en esos campos, por lo que habría notado con facilidad la falsificación si se hubiera dado, y la habría puesto en evidencia. Finalmente, habría sido muy complicado dotar a los personajes y a las acciones de la cercanía que muestra el relato, en el caso de un autor de finales del XVIII, tan lejano a la época que describe[39].

El siguiente paso que dio el manuscrito en este interminable periplo fue una nueva copia, tomada de la que había en la Real Academia de la Historia, y hecha —ya en el siglo XIX— por don Felipe Bauzá, director del Depósito Hidrográfico de la Marina en Madrid y Diputado radical en las Cortes del trienio liberal, el cual la dio a conocer a su amigo y compañero en la política Joaquín María Ferrer, antes de que a ambos los condenaran a muerte. Exiliado por fin en París, Ferrer dio a las prensas por primera vez el texto de la Monja Alférez, en la imprenta de Julio Didot (1829)[40]. Este itinerario sembró el desconcierto pues, como indica acertadamente Gema Areta, el «conjunto de copistas Ferrer-Bouza[41]-Muñoz y Trigueros provocó una acalorada discusión sobre la paternidad literaria del texto; el comentario sobre la falsificación, defendido por Menéndez Pelayo, no alcanzó sin embargo la discusión histórica sobre la figura de Catalina de Erauso: la edición de Ferrer incluía en un apéndice pruebas documentales irrefutables como la partida de bautismo y numerosos certificados, memoriales, *pedimentos*, testamentos, cartas o decretos reales que dan fe de la existencia real de nuestro personaje»[42]. La edición de Ferrer (hubo una segunda en 1838) lleva un amplio prólogo donde describe con gran profusión de detalles la persona-

---

[39] Cfr. Rima de Vallbona, *op. cit.*, págs. 18-19.

[40] Heredia, en el prólogo citado (pág. VI), asegura que fue en 1820. Pero los datos históricos y la posibilidad de acceder a algún ejemplar de los editados por primera vez en París, evidencian que la primera edición es de 1829.

[41] Gema Areta, así como otros críticos, proponen «Bouza» como apellido del copista anterior a Ferrer. Nosotros hemos preferido la opción más común en los documentos históricos, que es «Bauzá».

[42] Gema Areta, «El Barroco y sus máscaras: *Vida y sucesos de la Monja Alférez*», *Anuario de Estudios Americanos*, LVI, 1 (1999), pág. 242.

lidad de la Monja y está adornada con citas y alusiones eruditas a clásicos de la literatura y el pensamiento. También relata la historia del manuscrito hasta llegar a sus manos a través de su íntimo amigo Bauzá, y señala que ha cotejado con detenimiento el manuscrito para establecer su propia edición, y que ha corregido mutilaciones y errores del copista, como nombres de lugares, personas y fechas, gracias a la gran cantidad de documentos que ha podido consultar y aportar como material de apoyo, como la *Historia de la vida y hechos del ínclito monarca don Felipe III,* de Gil González Dávila, que proporciona un resumen de la vida de Erauso, e introduce por entero en el prólogo. Acto seguido destaca algunas características del manuscrito utilizado, enfatizando su fidelidad casi exacta a la realidad de los hechos:

> Le volví a leer con mayor detención, y por el lenguaje sencillo en que estaba escrito, por la multitud de hechos históricos que contiene, la correspondencia de las épocas y personas que cita, me convencí que llevaba en sí impreso el sello de la verdad, y que todos los caracteres de ella aparecían, a pesar de que la impericia del copista había mutilado lastimosamente en algunas partes el texto[43].

El resto de los documentos aportados aparecen detrás del texto editado, a modo de apéndice, y son los siguientes:

1. La partida bautismal de doña Catalina de Erauso.
2. Partidas compulsadas de los libros del convento de monjas de San Sebastián el Antiguo.
3. Expediente relativo a los méritos y servicios de doña Catalina de Erauso, que se halla en el Archivo de Indias de Sevilla.
4. Relación del historiador Lope Isasti en 1625, con una breve descripción de la vida de la Monja, en un manuscrito titulado *Compendio histórico de la provincia de Guipúzcoa.*
5. Relación de algunos documentos relativos a solicitudes hechas al rey por el almirante Tomás de Larraspuru, y de una

---

[43] J. M. de Ferrer (ed.), *Historia de la Monja Alférez, doña Catalina de Erauso, contada por ella misma,* París, Imprenta de Julio Didot, 1829, «Prólogo del editor», pág. XXIII.

carta suya escrita en alta mar en 11 de octubre de 1624, viniendo con la flota desde Cartagena de Indias.

6. Relación del suceso de don Juan de Benavides, general de la flota de Nueva España, de que se apoderaron los Holandeses en el puerto de Matanzas.

7. Cómputo del tiempo que invirtió en sus correrías en España la Monja Alférez.

Finalmente, como colofón de todos estos apéndices, Ferrer integra en su edición la comedia *La Monja Alférez*, de don Juan Pérez de Montalván. Pues bien, las ediciones posteriores de la obra se han basado en ésta de Ferrer, y la historia sobre Catalina de Erauso ha llegado, en español o en traducciones, exclusivamente a través de ese texto, durante dos siglos. El problema está en que el editor hizo algunas variaciones y correcciones pero no las anotó, ni explicó el procedimiento utilizado para la modernización del texto. No obstante, y como apunta Rima de Vallbona, «en la época actual las únicas ediciones que se pueden tomar en serio son las que siguen el modelo de Ferrer, con sus notas y apéndices»[44]. En concreto, nuestra edición sigue también la pauta marcada por Ferrer en 1829, cotejándola con el manuscrito publicado por Rima de Vallbona, y comparando ambas con la edición de Munárriz en Hiperión. A pesar de todo, no han faltado quienes hayan negado la validez de la edición de Ferrer y el carácter autobiográfico, una vez comparados los datos que aportan las relaciones y documentos de la época con el texto parisino. En 1872, Diego Barros Arana sentenciaba:

> La firmeza del estilo, la pureza y elegancia de la dicción revelan una pluma mucho más ejercitada de lo que debe suponerse la de la monja aventurera, a la cual no se pueden atribuir ni práctica de escribir, ni gusto literario. Por otra parte, la abundancia de datos casi siempre acordes con los hechos y con los documentos históricos, la prolijidad de ciertos pormenores y el espíritu general del libro, ajeno a toda pretensión literaria y destinado al parecer sólo a referir en toda su sencillez

[44] Rima de Vallbona, *op. cit.*, pág.4.

acontecimientos verdaderos, dejan ver que esa relación no es del todo extraña a la misma Catalina. Por nuestra parte, y después de haber examinado atentamente esa autobiografía comparando sus pormenores con los documentos históricos publicados por Ferrer y con los acontecimientos públicos a que se hace referencia, hemos llegado a creer que el libro atribuido a la monja alférez y publicado con su nombre, ha sido escrito no por ella misma, sino por alguno de los numerosos ingenios que en ese siglo daban brillo y esplendor a las letras españolas, y a quien doña Catalina refería ordenadamente sus aventuras [...]. Esta manera de apreciar la autenticidad del libro publicado por Ferrer, explicaría también el fondo de verdad que reina en todo su conjunto y los errores que se notan en sus detalles o más bien las discordancias que hay entre la narración y los documentos[45].

Al poco tiempo de la primera edición, y antes de que en 1838 se reeditara en Barcelona el trabajo de Ferrer, contamos ya con dos traducciones: una francesa, publicada muy pronto por *La Revue dex Deux Mondes,* y luego vuelta a editar en forma de libro en 1830, con traducción y edición a cargo de L.V. Paris Bossange, bajo el título de *Histoire de la Monja Alférez, doña Catalina de Erauso, écrite par elle-même,* y otra alemana también de 1830, hecha por su amigo Obersyen von Schepeler en Aquisgrán, y titulada *Die Nonne-Fahurich, oder Geschichte der doña Catalina de Erauso von ihr selbst geschrieben,* que vio la luz en Aachen y Leipzig, en la editorial de J. M. Mayer. Justo el año anterior, 1829, J. A. Muriel publica una generosa nota en la *Revue Encyclopedique* titulada *Histoire de la religieuse officier, Catherine d'Erauso, écrite par elle-même.* En 1836 ayudan a su difusión varias referencias a la obra en el *Magasin Pittoresque* de París, y en 1838, otras tantas en el *Semanario Pintoresco Español.* Thomas de Quincey, en 1854, y basado en la traducción francesa, hizo su reelaboración libre del tema y la publicó como libro, aunque ya había dado a la prensa la historia en dos partes en 1847, bajo el título «The Nautico-Military Nun of Spain», dentro de los números de junio y julio de la revis-

---

[45] Diego Barros Arana, «La Monja Alférez», *Revista de Santiago,* I (1872), págs. 229-230.

ta *Tait's Edinburgh Magazine*. Cortambert la incluye en su libro *Les illustres voyageuses* (París, 1866), y Nicolás de Soraluce, cuatro años más tarde, en la *Historia de Guipúzcoa*. J. Mañé en *El Oasis, viaje al país de los Fueros* (Barcelona, 1879). Lastarria la tendrá en cuenta dentro su obra *Antaño y ogaño* (Santiago de Chile, 1885).

Pero las mejores recreaciones decimonónicas del tema vienen de la mano de tres escritores americanos. En primer lugar cabe destacar el relato de Ricardo Palma, incluido en las *Tradiciones peruanas,* bajo el título «¡A Iglesia me llamo!», que recrea uno de los más conocidos episodios peruanos de la Monja. En segundo lugar, un texto del mexicano Artemio del Valle-Arizpe, político, diplomático y escritor, autor de novelas históricas sobre la época colonial, titulado «La Monja Alférez», incluido dentro de su obra *Amores y picardías. Leyendas, tradiciones y sucedidos del México Virreinal.* Y en tercer lugar, la obra de Luis González Obregón, también mexicano, jefe de investigaciones históricas del Archivo General de la Nación de México, titulada *Las calles de México. I. Leyendas y sucedidos,* con el capítulo «La Monja Alférez. Sucedido de la calle Espalda de San Diego».

En 1894 fue la edición prologada y traducida al francés por Heredia, ya citada, y sólo en 1908 tuvo lugar la primera traducción al inglés del texto original, hecha, editada, prologada y anotada por James Fitzmaurice-Kelly, con el título de *Catalina de Erauso, The Nun Ensign,* en Londres, por la editorial T. F. Unwin. En 1976 se publicó la primera traducción al vasco, en Bilbao, Ed. Mensajero, *Katalin Erauso,* por Iñaki Azkune. Además de estas y otras ediciones en español durante el siglo XX, han sido muy numerosas las versiones libres, noveladas o biografías, publicadas en los más diversos lugares del ámbito hispánico: Madrid (Afrodisio Aguado, Espasa-Calpe, Imprenta Fortanet, Editorial Bibliográfica Española), Barcelona (Barral Ediciones, Ediciones Internacionales Universitarias), México (Ediciones Botas, Complejo Editorial Mexicano), Santiago de Chile (Excelsior, Editorial del Pacífico), Caracas (Planeta, Biblioteca Andina), etc.

Pero aquí no terminan las cuestiones relativas a ediciones y manuscritos ya que, con el tiempo, han ido apareciendo relaciones y manuscritos diferentes, que completan la información relativa a la obra y a la propia historia de la Monja. Casi a la vez que el texto se escribieron tres relaciones de muy escaso valor literario, que son aportadas por Rima de Vallbona en el apéndice núm. 5 de su edición y que nosotros reproducimos, tal cual, al final de la nuestra. Dos son españolas, de 1625, y otra mexicana, de 1653. Las dos españolas parecen haber sido sacadas del original dejado por Catalina en casa de Bernardino de Guzmán en ese mismo año, y se dan a conocer una en Madrid y otra en Sevilla. Desde febrero de ese año ella misma en persona negociaba ante las más altas instancias el reconocimiento oficial de sus méritos con papeles y documentos del más alto rango. La información contenida en ellas fue sin duda suministrada por la protagonista. De ahí su importancia histórica y documental; hay quienes piensan, incluso, que han podido ser la fuente directa de la autobiografía[46]. En la primera relación se dice que lo que allí hay escrito está «dicho por su mesma voca» y se asegura que está sacada de un original que dejó en Madrid en casa de Bernardino de Guzmán. Arranca con el nacimiento de Catalina, la huida del convento, su paso por tantas poblaciones españolas, su estancia en América (Cartagena de Indias, Trujillo, Lima, Chile, Arauco, cordillera de Tucumán, Potosí, Charcas, etc.). Todo está redactado en tercera persona. En la segunda observamos similares características. Hay una errata que alude al año de 1615, cuando se sabe que es de 1625. Se inicia con una referencia a la anterior relación. Comienza en Potosí, donde terminaba la anterior, e informa de la expedición a los chunchos, el Dorado, su estancia en Charcas, Lima, Panamá, Cuzco, río Apurima, la vuelta a España, para concluir con el proyecto del viaje a Roma para hablar con el Papa y con el deseo de que el rey premie sus servicios. La tercera y última relación, la mexicana, da cuenta del resto de la vida de Erauso hasta su muerte en 1650 en Nueva España. Está fechada por Hipólito Rivera en 1653, y editada posteriormente por J. T. Medina

---

[46] Cfr. J. Ignacio Tellechea Idígoras, *Doña Catalina de Erauso, la Monja Alférez, IV Centenario de su nacimiento*, San Sebastián, Sociedad Guipuzcoana de Ediciones y Publicaciones, 1992, pág. 74.

en su obra *La imprenta en México, Epítome* (1539-1890), publicada en Santiago de Chile, en 1907. Comienza el relato con el viaje a Roma, es decir, justo donde se quedó la segunda. Narra las mercedes obtenidas de parte del Santo Padre, su vuelta a España, su traslado nuevamente a América, esta vez a México, sus trabajos, y su muerte en Cuialaxtla, camino de Veracruz, en 1650. El estilo es bastante barroco, muy diferente al resto de las relaciones y, por supuesto, al de la autobiografía. Manuel Orozco y Berra reproduce las tres relaciones completas en su *Diccionario universal de historia y geografía* y en el *Gran diccionario universal*, ambos publicados entre 1853 y 1856.

Encontramos, todavía, algunos manuscritos más: uno titulado *La Monja Alférez*, de 368 folios, con letra del siglo XIX, que se conserva en la conocida Benson Collection de Austin, Texas, con el núm. G.593, y sin fecha. Se trata de una versión novelada y lejana a la veracidad de los hechos, pues presenta a la protagonista como monja profesa y no novicia, la cual, cuando escapa, da muestras de un alivio indescriptible y exalta a toda costa una libertad y un regocijo que no están presentes en los relatos más conocidos. Además, hay un sentimiento de amor platónico hacia una mujer casada que nunca aparece en otro manuscrito.

Más interesantes parecen los dos manuscritos descubiertos, estudiados, revisados, prologados y editados por Pedro Rubio Merino en las Ediciones del Cabildo Metropolitano de la Catedral de Sevilla (1995). Se trata de dos textos inéditos conservados en el Archivo de la Santa Iglesia Catedral de Sevilla, descubiertos por el editor hace varios años, y de cuya aparición y circunstancias que rodearon al hallazgo da cuenta él mismo en una comunicación presentada al VI Congreso Internacional de Historia de América celebrado en Vitoria, mayo de 1994. Son dos textos distintos, con un contenido similar, aunque ninguno es copia del otro. Más bien parece que existió una fuente común, y que los dos fueron redactados por el mismo amanuense. Se ha especulado con la posibilidad de que el manuscrito de Trigueros fuera alguno de esos dos, pero Rubio Merino observa que no puede afirmarse «que ninguno de los dos fuera el poseído por Trigueros, y mucho menos que hubiera sido escrito, o copiado personalmente por él, pues su letra nada tiene que ver con la de otros manuscritos, ciertamente propiedad de Trigueros, debidos a su mano y pertenecientes actualmente a los fondos de la Biblioteca Capitular y Colombina del mismo Cabildo Hispalense»[47]. El primer manuscrito es más extenso y completo. Tiene 42 hojas, mientras que el segundo no pasa de 30. El primero narra los mismos hechos que el texto de Ferrer (y que el de la Academia de la Historia), pero consta de 16 capítulos en lugar de 26 (Ferrer) o 20 (Vallbona). Comienza con el nacimiento de la Monja y termina en Nápoles, con la conocida discusión con dos señoras. El segundo acaba abruptamente en el principio del capítulo 15, que anuncia su estancia en La Paz, la muerte de dos personas con sus propias manos, la sentencia de muerte posterior y cómo se libra de ella. El primero, a su vez, posee un título, *Vida y sucessos de la Monja Alférez, doña Catharina de Erauso,* mientras que el segundo viene sin título. El primero está más cuidado, y los dos dan la sensación de haber sido escritos, por su caligrafía, en la segunda mitad del XVII o primera del XVIII[48]. Hay sustanciales diferencias entre el texto-base de Ferrer y estos manuscritos, como la descripción de las ciudades importantes por donde pasa Catalina, como Lima, Concepción (Chile) o Cuzco, que aparecen en Ferrer pero no en los sevillanos; el contenido de los capítulos VIII y IX de Ferrer, silenciado en el primero de los sevillanos, aunque no en el segundo (estancia de Catalina en Potosí, con el alzamiento de Alonso Ibáñez, donde ella participó según Ferrer); el capítulo IX de Ferrer, la expedición del Potosí a los Chuncos, ausente en el primero de los sevillanos; pero sobre todo hay que destacar la gran diferencia entre el XX de Ferrer

---

[47] Pedro Rubio Merino, *La Monja Alférez doña Catalina de Erauso. Dos manuscritos autobiográficos inéditos,* Sevilla, Edics. Del Cabildo Metropolitano de la Catedral de Sevilla, 1995, pág. 20. Existen varios documentos de Trigueros, conservados en la Biblioteca capitular y Colombina de Sevilla: una carta sobre la versión de la *Ilíada* de Homero, hecha por Juan de Nebrixa; una colección de manuscritos, encuadernados en el mismo tomo, con una disertación sobre el verso suelto y la rima, una historia del Cid campeador, una disertación sobre el versículo 11 del cap. 10 del Libro de Josué, memorias sobre la religión y los dioses de los antiguos españoles, y un plan de estudios; por último, una versión de la *Eneida* de Virgilio, traducida en verso pentámetro.

[48] Cfr. Pedro Rubio Merino, *op. cit.,* págs. 17-18.

y el XV del sevillano, donde se relata el encuentro con el obispo de Guamanga y el descubrimiento de su identidad sexual. En Ferrer hay muchos más detalles, y la descripción es más viva e intimista, dada la importancia del suceso y sus consecuencias para el resto de la vida de la Monja. Un último aspecto que diferencia a Ferrer de estos manuscritos sevillanos es el tipo de escritura: mientras Ferrer moderniza las expresiones, los dos manuscritos siguen la línea similar a la del de la Real Academia de la Historia: el uso de la «ss» intervocálica, la «x» en lugar de la «j» actual, la «y» en lugar de «i» en palabras como «maytines», «fuyme», la «q» en lugar de la «c» en términos como «qualquiera», «quanto», etc., aunque moderniza la «i» cuando es conjunción, utilizando «y» y evitando el polisíndeton, tendencias que aparecían claramente en el manuscrito de la Real Academia. Por último, mantiene el editor formas arcaicas como «vide», «vido», pero corrige y moderniza otras que Rima de Vallbona en su edición del de la Real Academia respeta, como «avia» o «havia» por «había» actual.

Todavía hay un manuscrito más, encontrado recientemente en la Biblioteca Universitaria de Zaragoza, en 1992, por María Remedios Moralejo Álvarez, bajo el título *Relación de una monja que fue huyendo de España a Indias*. En el artículo «El primer relato autobiográfico de la monja alférez. La declaración de Guamanga», publicado en *De Libros y Bibliotecas* en la Universidad de Sevilla (1994), Moralejo Álvarez concreta numerosos detalles acerca del hallazgo del manuscrito dos años antes, y examina asimismo otro documento adjunto, el auto de reconocimiento de la feminidad y virginidad de Catalina de Erauso por cuatro parteras. Ambos documentos aparecen firmados por el escribano y secretario Francisco Navarrete, y el obispo. El primero lleva también la firma de Catalina de Jesús y Araujo.

La comedia de Pérez Montalván

No es extraño que algún autor de la época se interesase por el caso de la Monja Alférez, ya que era común en nuestro Siglo de Oro teatral ofrecer casos parecidos de mujeres vestidas de hombre o mujeres que disfrutan con las aventuras donde tienen que batirse con hombres a vida o muerte. Lope de Vega *(La varona castellana)*, Mira de Amescua *(La fénix de Salamanca)*, y la mayoría de los autores del XVII utilizaron ese recurso, que ofrecía una alta gama de posibilidades estéticas, humorísticas, dramáticas, etc., y además respondían a una realidad que rara vez aparecía descrita en papel impreso. Es precisamente uno de los discípulos predilectos de Lope, Juan Pérez de Montalván, quien reproduce en una comedia la vida de Catalina de Erauso, justo en el momento en que ella vuelve de América, lo que hace suponer que la historia de esta peculiar novicia escapada del convento y travestida ya era muy conocida en España antes de la llegada a la Península de Erauso, sobre todo a partir de su confesión ante el obispo de Guamanga. Según sus propias palabras, llega a España el 1 de noviembre de 1624 (cap. XXII de esta edición). En 1625 se escriben dos de esas tres relaciones conocidas, y es, en principio, también la fecha de entrega de su autobiografía al editor Bernardino de Guzmán, y de la respuesta positiva a sus pedimentos (800 escudos de renta para su vida, cap. XXIII de esta edición). Y en 1626 realiza diversos viajes, uno de ellos a Roma. En concreto, el 29 de junio, fiesta de San Pedro, asiste junto a los cardenales a las celebraciones en honor al titular de la iglesia y primer Papa. Sabemos que la comedia de capa y espada de Montalván fue escrita más o menos por aquella época, ya que relata sucesos ocurridos en los años anteriores, y en los últimos versos asegura:

> Pues con aquesto, y pidiendo
> Perdón, tenga fin aquí
> Este caso verdadero.
> Donde llega la comedia
> Han llegado los sucesos,
> Que hoy está el Alférez Monja
> En Roma, y si casos nuevos
> Dieren materia a la pluma,
> Segunda parte os prometo[49].

---

[49] Juan Pérez de Montalván, *La Monja Alférez, comedia famosa*, cit. por la edición de Ferrer, págs. 310-311.

Pudo basarse Montalván en las relaciones conocidas de la Monja, pero también pudo haber conocido personalmente a Catalina de Erauso. Sara Jarpa Gana de Laso asegura que la Monja Alférez «allí (en A Coruña) conoció al dramaturgo, compatriota y contemporáneo Juan Pérez Montalván, quien la hizo protagonista de una comedia histórica basada en los mismos relatos que le iba proporcionando la Monja Alférez»[50]. Sin embargo, Jack H. Parker afirma que no es muy verosímil que los dos personajes llegaran a coincidir y hablar sobre el protagonismo de la monja en la obra del discípulo de Lope[51]. Es más, puede que, incluso, alguno de los episodios que aparecen en la obra narrativa hayan sido inspirados por la comedia, una vez representada y publicada, independientemente del hipotético conocimiento mutuo de los dos personajes. De hecho, Serrano Sanz y Fitzmaurice-Kelly defienden que el episodio relativo al nuevo Cid (cap. XVIII de Ferrer) es una elaboración de las escenas donde se desarrolla, en la comedia, el altercado con ese personaje[52]. Rima de Vallbona, en cambio, piensa que esta opción es muy poco probable, ya que Fitzmaurice-Kelly no se basa en datos concretos sino en impresiones y, además, la comedia se tendría que haber difundido antes de 1625, si damos como buena esas fechas para la entrega del manuscrito a B. Guzmán y la aparición de las dos relaciones españolas[53].

La historia que ofrece Montalván es bastante diferente a la que se recoge en cualquiera de los manuscritos y relaciones. Está plagada de anacronismos, fantasías e invenciones. Doña Ana, limeña, amante de Alonso de Guzmán (que es Catalina disfrazada de hombre), tiene otro pretendiente, don Diego, amigo de Guzmán, y entre los dos se producirá una polémica con relación a la dama, que llegará hasta el final de la obra.

[50] Sara Jarpa Gana de Laso, *La monja alférez*, Santiago de Chile, 1960, pág. 35.
[51] Jack H. Parker, «*La Monja Alférez* de Juan Pérez de Montalván: comedia americana del siglo XVII», en Carlos H. Magis (ed.), *Actas del Tercer Congreso Internacional de Hispanistas*, México, El Colegio de México, 1970, pág. 667, nota 7.
[52] James Fitzmaurice-Kelly, *op. cit.*, pág. XXXIII.
[53] Rima de Vallbona, *op. cit.*, pág. 19.

Por otro lado, se produce un encuentro entre los dos hermanos, Catalina y Miguel, pero aquí Catalina (Guzmán) salva a Miguel en una pelea con «el nuevo Cid», aunque más tarde, acuciado por las sospechas, Miguel entra en duelo con su hermana y es gravemente herido. don Diego deshonrará a doña Ana y Guzmán insiste en que se casen para reparar la deshonra. Vuelve el nuevo Cid y arremete contra Guzmán, pero éste le mata. Condenado a muerte Guzmán, don Diego revela al Virrey su condición femenina para salvarle la vida, causando a Catalina unos daños enormes, la cual jura vengarse. Esa posibilidad ocurre ya en España, durante una pelea entre los dos, en la que Catalina confiesa al final su culpa, se vence a sí misma y sobresale la virtud por encima del orgullo.

Aparte de las indiscutibles diferencias argumentales, hay que señalar que la pelea de Catalina con el nuevo Cid no tiene en la comedia la dimensión trágica que hay en la narración, y es excesivamente breve. Además, todo el énfasis que se pone en demostrar la valentía y destreza de Guzmán con la espada, funciona exclusivamente como punto de apoyo para enfatizar, por contraste, la virtud de la protagonista al final de la obra. Cuanto más valiente en el recorrido de las tres jornadas, más humilde y valiosa en la conclusión. Por eso, el carácter didáctico de la pieza resalta por encima de cualquier otro interés posible, sea la trama, el enredo amoroso, el caso de travestismo, la misma personalidad de Catalina-Guzmán, etc. Por último, el descubrimiento final de la condición femenina de Guzmán plantea unas cuestiones muy diferentes a las de las narraciones, porque en la comedia Catalina se niega a reconocer que es mujer, y hay un rechazo general a la feminidad que no existe en los manuscritos. La comedia describe a un Guzmán que es un estereotipo del galán fanfarrón, muy propio de la escena del Siglo de Oro, y las narraciones presentan a un personaje de carne y hueso, real, que no da un sesgo peyorativo a su condición femenina, aunque oculte su sexo, pues ha conseguido ser valorada y respetada por una colectividad, y sus hábitos de vida han sido refrendados y sancionados positivamente por las dos autoridades máximas de la época: el Rey y el Papa.

En este sentido, no parece lógico que la comedia haya inspirado pasaje alguno de las narraciones, ni siquiera el del nuevo Cid, pues no se trata sólo de las diferencias argumentales, sino de la misma concepción del personaje, lo cual tampoco quiere decir que haya que aprobar como histórico el lance con el nuevo Cid de los manuscritos, al no existir pruebas documentales diferentes a las propias narraciones[54].

Las mentiras de la verdad: el «género» sexual

Si en los primeros siglos de su existencia, el manuscrito generó una lógica curiosidad por un personaje tan atractivo, por sus aventuras, su independencia, su modo de vestir y su arrojo, en los últimos tiempos ha generado un gran interés casi exclusivamente por la cuestión de la identidad genérica. Con el desarrollo de los diferentes puntos de vista del feminismo internacional, los estudios acerca de este tipo de literatura han crecido enormemente. En concreto, a partir de la década de los ochenta del siglo XX, ha habido, proporcionalmente, muchos más estudios y ediciones sobre la Monja que en etapas anteriores, y ha variado también el centro de interés desde el que se plantean las nuevas cuestiones, siendo el ámbito anglosajón el que más se ha volcado en la figura de Catalina de Erauso, y los Estados Unidos el país que más bibliografía ha generado al respecto, gracias a su atención creciente a esos estudios de género y a la enorme preocupación que están mostrando últimamente sobre toda clase de minorías: negros, hispanos, asiáticos, gays, lesbianas, discapacitados de cualquier tipo, miembros de religiones minoritarias, epígonos del marxismo, etc. El ámbito académico, en nombre de la tolerancia, el multiculturalismo, la integración y la globalización, ha proporcionado cauces generosos para el desarrollo de estudios que, hasta hace pocas décadas, se consideraban banales o poco adecuados al rigor científico y a la utilidad social o, simplemente, se ignoraban.

Como se sabe, es bastante escaso el protagonismo que tenía la mujer en la sociedad del Siglo de Oro, y también escasos los ejemplos de mujeres escritoras. Por ello, la existencia de una mujer con un claro protagonismo en la historia de la

---

[54] Cfr. Rima de Vallbona, *op. cit.*, pág. 22.

colonia, que además escribe, y que, finalmente, mantiene una posición ambigua con respecto a su identidad sexual, constituye una *rara avis* sobre la que merece la pena detenerse. El Siglo de Oro, sobre todo el siglo XVII, ha sido visto como una época de grandes contradicciones y paradojas. En ese claroscuro, han convivido la ley y la trampa, la moralidad más férrea de la Contrarreforma con los ejemplos más nítidos de vida licenciosa, el espíritu y la carne, el vicio y la virtud. En ese sentido, no debe extrañarnos que el caso de la Monja Alférez haya tenido un sesgo positivo, a pesar de los enigmas en torno a su identidad sexual y a la violencia de muchas de sus manifestaciones sociales o puramente vitales. Un sesgo positivo que le llevó a la fama dentro de un mundo dominado por el hombre y por la definición radicalmente binaria de la realidad sexual. Su situación anómala, incluso transgresora, no produjo rechazo social ni problemas serios con la Inquisición o las autoridades eclesiásticas; más bien al contrario, fueron éstas las que en momentos críticos alejaron a Erauso del peligro. Su historia tuvo tanta trascedencia que, como afirmó Stephanie Merrim, «from an anomaly she became a cultural icon (...), a legend in her own times»[55]. Al mismo tiempo, si queremos saber por qué disfrutó de tal estado de excepción y sus andanzas fueron tan conocidas y aceptadas, debemos atender también a las complejas relaciones que se dan, generalmente, entre la historia y la literatura, entre realidad y ficción. M. E. Perry asegura que la Monja Alférez, «as both literary character and historical person, demonstrates a complex interaction between history and literature», por lo que puede ser considerada como un mito, esto es, «language used to emphasize certain information and transform it into timeless justifications»[56]. Un mito que ella misma contribuye a crear, debido a su necesidad de justificar, al volver de América, un pasado que le garantice la tranquilidad social y

[55] Stephanie Merrim, «Catalina de Erauso: From Anomaly to Icon», en Fco. Javier Cevallos-Candao, Jeffrey A. Cole, Nina M. Scott y Nicomedes Suárez-Araúz (eds.), *Coded Encounters: Writing, Gender and Ethnicity in Colonial Latin America*, Amherst, Univ. of Massachussetts Press, 1994, pág. 178.

[56] Mary Elizabeth Perry, *La monja alférez:* Myth, Gender, and the Manly Woman in a Spanish Renaissance Drama», en Gilbert Paolini (ed.), *La Chispa'87, Selected Proceedings*, Tulane Univ. Press, 1987, pág. 240.

económica suficiente para el resto de su vida. La autobiografía, la novela picaresca, la confesión y algunos géneros historiográficos son elegidos en ocasiones por los autores para resolver una situación embarazosa, obtener beneficios personales o indagar en los porqués de una conducta poco clara. En Catalina de Erauso confluyen varios aspectos que remiten a ciertos antecedentes literarios o históricos, y explican el lugar que ocupa dentro de la literatura de nuestro Siglo de Oro.

En primer lugar hay que aludir al protagonismo que le confiere ser una mujer guerrera *(mulier fortis)*, cuyo modelo precursor parece estar en las amazonas, que poblarán la literatura de las crónicas de la conquista y la colonización del Nuevo Mundo. Ya la egipcia Hatopeh, muchos siglos antes, había encarnado la tendencia positiva de la mujer hacia lo masculino, llegando al extremo de ordenar que se le hicieran retratos añadiéndole una gran barba. Las amazonas, desconocidas por completo en la configuración social de la Europa medieval y del Siglo de Oro eran, sin embargo, un modelo literario que había tenido cierto rendimiento desde la antigüedad clásica y que produjo incluso elaboraciones teóricas en poéticas vinculadas a la tradición aristotélica. Francisco de Cascales, contemporáneo de la Monja Alférez, recoge en *Las Tablas Poéticas* un conjunto de tópicos literarios que están vigentes hasta el siglo XVII, y expone una serie de reglas, que constituyen normatividad, pero que a la vez descubren cuáles eran los hábitos culturales que en muchos casos contradecían el concepto de *mimesis* estipulado por Aristóteles muchos siglos antes. Belén Castro, en un artículo excelente sobre el tema, señala cómo la lectura de alguna secuencia de la obra de Cascales «puede ayudarnos a comprender la polémica que suscitaba el tratamiento de la mujer fuerte o viril en las artes. El dilema radica en una paradoja; pues frente a la existencia legendaria o histórica de estas mujeres, la regla aristotélica *(Poética,* 54a.) condenaba su representación literaria por contradecir el rasgo femenino de la debilidad física y mental»[57]. Y acto seguido cita un fragmento de las *Tablas* bastante significativo:

[57] Belén Castro Morales, «Catalina de Erauso, la monja amazona», *Revista de Crítica Literaria Latinoamericana*, XXVI, 52 (2000), pág. 229.

CASTALIO: ¿Vos no sabéis que la Poesía[58] imita todas las cosas que hay en la naturaleza; y aunque ésta crió generalmente a las mujeres cobardes y flacas, que algunas veces hallamos en las verdaderas historias, y vemos en nuestros tiempos también algunas varoniles y valientes? Como se sabe de Semíramis entre los Babylonios, de Hipólita Reyna de las Amazonas, de Zenobia Reyna de los Palmyrenos, de Amalasunta Reyna de los Godos, de Mexeyma Reyna de los Ethíopes, y de otras muchas, que vistieron corazas, y blandieron lanzas: pues dado caso que éstas fueron valientes, ¿por qué no las pintará el poeta tales?

PIERIO: Yo así lo creo, que no se puede negar eso: pero ¿cómo dice Aristóteles: *Fortitudo mos est sed esse vel fortem, vel prudentem utique mulieri non convenit*?

CASTALIO: Aristóteles dixo muy bien, tomada la costumbre en general: porque la fortaleza y prudencia no compete a la muger, sino al hombre. Y esta propiedad y conveniencia debe considerar siempre el Poeta: que esotro es un privilegio particular de la naturaleza, y una excepción: de manera, que Aristóteles dio la regla general, y la naturaleza la excepción[59].

Como puede observarse, la preceptiva aconsejaba seguir las reglas generales, de origen aristotélico, pero admitía las excepciones. En la Europa del XVI y XVII, el tema clásico de la amazona adquiere una vigencia asombrosa, gracias a la difusión del tópico aplicado a la realidad americana. El Nuevo Mundo, territorio franco, reino de la imaginación y la libertad, se puebla literariamente de amazonas. Las primeras noticias que tenemos de este mito americano arrancan de la aparición del mapa de Martín Behaim; desde entonces, la leyenda de las amazonas corre a Europa con las primeras noticias del descubrimiento. Colón, en su primer viaje oyó hablar de Matinino, isla poblada sólo por mujeres. Pedro Mártir de Anglería divulga en sus escritos la existencia de las amazonas en las Antillas, al igual que el cronista oriundo de Trujillo y muerto en Lima Fray Gaspar de Carvajal, que nos dice fueron descubiertas por

---

[58] Es decir, la literatura y, en un sentido amplio, cualquier manifestación artística (la anotación es nuestra).

[59] Cfr. nota 57.

Francisco de Orellana quien, por otro lado, fue el primero en recorrer el río más caudaloso del mundo, el Amazonas, en busca de El Dorado, muriendo dentro del mismo río durante la segunda expedición. Carvajal describe cómo Orellana encontró a unos indios que ofrecían chicha al Sol, y al preguntarles por qué, respondieron que eran tributarios de las amazonas, las cuales vivían sin hombres, con una mujer por jefe, e iban a guerrear con un rey vecino para tener hijos, pues sólo estaban con hombres a temporadas, cuando «les viene aquella gana». En la conocida obra de Carvajal, *Relación del nuevo descubrimiento del famoso río grande de las Amazonas,* de 1542, que fue inserta por Oviedo en la *Historia general y natural de las Indias,* pero que permaneció inédita como libro aparte hasta 1851, cuenta cómo perdió un ojo luchando contra una multitud de indios y amazonas, y describe con minuciosidad sus costumbres, destacando su fortaleza física, su presencia imponente, su control sobre aquella región salvaje, las grandes riquezas que poseían en ganado y metales preciosos, etc. También los incas tienen historias parecidas (las Vírgenes del Sol, la Casa de las Escogidas). Hubo amazonas en las márgenes del Marañón (río peruano que conecta con el Amazonas), en la cordillera venezolana (los indios chocoes revelan su existencia a Jorge Espira), etc., pero toda la literatura americana se pobló de esos personajes míticos, que provocaban la condena de los preceptistas de la época (Minturno, Pinciano), pues el personaje mítico contaminaba los géneros europeos clásicos como la novela de caballerías o la comedia. Cabe mencionar aquí también a las valientes guerreras araucanas mencionadas por Alonso de Ercilla, y a la indiscutible española doña Mencía que, cuando los españoles abandonan Concepción ante el acoso de los recios araucanos, anima a los hombres acobardados para que no la dejen sola ante el peligro.

Junto con las amazonas, el tipo de la *mujer guerrera* vino a poblar un considerable número de obras literarias, basado en personajes históricos europeos que sostenían ciertas semejanzas con las míticas amazonas. Generalmente aparecen estas mujeres vestidas de varón, y mantienen unas costumbres similares a las del guerrero de la época, con sus virtudes propias, relacionadas con la valentía y la fuerza física. Los teólogos del momento, basándose en ciertos pasajes de la Biblia («La mujer no se vista de hombre, ni el hombre se vista de mujer, por ser abominable delante de Dios quien tal hace», *Deuteronomio*, cap. 22, v. 5), que aludían a costumbres paganas en la época de Moisés que degeneraban en ritos orgiásticos, y refrendados por el Sínodo, cuyo canon 62 recordaba las consecuencias nefastas de los actos subsiguientes de quienes así vestían, denunciaron la propagación de los personajes femeninos en hábito de hombre sobre todo en el teatro del Siglo de Oro, lo que forzó al Consejo de Teólogos a prohibir formalmente tales actos, cuya perversidad estribaba en el «uso tan lascivo y ocasionado para encender los corazones en mortal concupiscencia»[60].

Ahora bien, muy diversos eran los motivos que impulsaban a las mujeres a vestir de hombre desde la Edad Media hasta el siglo XIX, o bien a viajar junto con otros hombres para emprender aventuras militares. Incluso personajes como la dama de Orleans, o santas como Juana de Arco, mantienen una actitud próxima a las costumbres y vestimentas propias del hombre, y generan un estilo de vida que será frecuente durante muchos siglos. Investigadores como Rudolf Dekker y Lotte van de Pol demuestran que desde finales del XVI hasta el XIX hubo una arraigada tradición de disfrazadas en Europa Central. En su obra *The Tradition of Female Transvestism in Early Modern Europe*, de 1989, consideran que «in the early modern era passing oneself off as a man was a real and viable option for women who had fallen into bad times and were struggling to overcome their difficult circumstances. This tradition existed throughout Europe, but was strongest by far in the northwest, in the Netherlands, England and Germany»[61]. Ellos documentaron más de cien casos reales de mujeres de cierta re-

---

[60] Carmen Bravo-Villasante, *La mujer vestida de hombre en el teatro español*, Madrid, Revista de Occidente, 1955, págs. 209-215. Para el estudio de esas prohibiciones, tanto civiles como eclesiásticas, consultar la interesante obra de Judith C. Brown, *Inmodest Acts: The Life of a Lesbian Nun in Renaissance Italy*, Nueva York y Oxford, Oxford University Press, 1986.

[61] Rudolf M. Dekker y Lotte C. Van de Pol, *The Tradition of Female Transvestism in Early Modern Europe*, Basingstoke, Hampshire, Macmillan Press, 1989, págs. 1-2.

levancia social, pero están seguros de que fueron una mínima parte de un gran contingente de mujeres, pues las que se conocen —también es el caso de la Monja Alférez— lo son por el descubrimiento final de su condición femenina. Un gran número de ellas pertenecieron al ejército de sus países o a la armada naval. Muchas de ellas guardaron el secreto hasta la tumba, pues a menudo se encontraban, entre los muertos, en los campos de batalla, mujeres disfrazadas. Un número elevado de muchachas jóvenes abandonaron su hogar y su país para vivir una vida menos convencional, asumiendo la condición masculina e infiltrándose en ejércitos o barcos con grupos de adolescentes que marchaban a la guerra. Marjorie Garber asegura que de 1580 a 1620 se ha documentado la existencia de numerosas mujeres en traje varonil por las calles de Londres. Y parece que el fenómeno ha existido en toda Europa y en América hasta los comienzos del siglo XX. Es conocido, por ejemplo, el caso de Valerie Arkell-Smith, alias Coronel Victor Barker, que causó estupefacción en Inglaterra a finales de los 20 por haber pasado como hombre durante seis años, basándose en una antigua y viva tradición. Natalie Zemon, en el capítulo «The Reasons of Misrule» del libro de 1975 *Society and Culture in Early Modern France* estudia el fenómeno francés relativo a los disfraces de hombre que utilizaban las mujeres en las épocas de carnaval. Y Dianne Dugaw, en *Warrior Woman and Popular Balladry, 1650-1850,* de 1989, a través del cotejo de cientos de canciones populares, llega a la conclusión de que hubo innumerables mujeres guerreras vestidas de hombre desde 1600, en el ámbito anglosajón europeo y americano. En concreto, y refiriéndose a la situación en Inglaterra, concluye que «when we take steps to reconstruct the world to which the Female Warrior ballads speak, we find that they celebrate a heroine who displays and idealizes the same resilience, vigor and initiative that circumstances in the early modern world routinely required of lower-class women»[62]. Mary Zirin confirma una tradición similar en Rusia

---

[62] Dianne Dugaw, *Warrior Woman and Popular Balladry, 1650-1850,* Nueva York, Cambridge University Press, 1989, pág. 131.

en fechas parecidas[63]. Un ejemplo claro de todo este ambiente europeo, también en clases elevadas, es la vida de Cristina de Suecia, la reina equitadora, ávida lectora, culta, sensible, amiga de Descartes, que llegó a tener un prestigio inusitado entre la aristocracia del momento (siglo XVII), por sus costumbres *masculinas* (armas y letras) propias del típico cortesano del estilo de Castiglione.

No resulta, por tanto, extraño, que en el ámbito hispánico se dieran casos parecidos al de la Monja Alférez, aunque no tengamos constancia de ello, por el hecho de que no haya quedado reflejado en una autobiografía. Rafaela Ángela, al estilo de los primeros trabajos de Catalina de Erauso, y siguiendo la tradición picaresca, sirvió durante muchos años como paje al duque de Medinaceli; María Leocadia Álvarez, por su parte, vivió innumerables y curiosas aventuras bajo el disfraz de Antonio Ita, etc. Tenemos noticia, por ejemplo, de Isabel de Guevara quien, en un caso parecido al de nuestra vasca, llegó al Nuevo Mundo en 1536, concretamente al Río de la Plata con la expedición de Pedro de Mendoza, y que en una carta de 1556 escrita en Asunción (Paraguay) relató su intervención en una batalla sin distinguirse del resto de los soldados, y destacando por su protagonismo y su arrojo. También Inés Suárez, compañera de Valdivia en la conquista de Chile; María de Estrada, que luchó junto a Cortés en tierras mexicanas; Isabel Barreto, que lideró una expedición marítima de España a las islas Filipinas, etc. Pero incluso dentro de la Península hay datos sobre la conservación, por parte de las mujeres moriscas, del atuendo tradicional con pantalones, y de la participación de no pocas junto a los hombres en la rebelión de las Alpujarras, a finales de los sesenta del siglo XVI. En algunos casos, a pesar de las prohibiciones de los moralistas para el teatro, la tendencia hacia lo varonil gozó de cierto prestigio, ya que en la tradición moral de occidente, se solía identificar,

---

[63] Todos los detalles bibliográficos de los datos expuestos en estas últimas líneas pueden encontrarse en Encarnación Juárez, «La mujer militar en la América Colonial: el caso de la Monja Alférez», *Indiana Journal of Hispanic Literatures*, 10-11 (1997), págs. 147 y ss. Consultar también Stephanie Merrim, *op. cit.*, págs. 184-185.

gracias a la conexión etimológica, *vir* (hombre), *vis* (fuerza) y *virtus* (virtud). De hecho, una obra como el *Jardín de las nobles doncellas,* un manual escrito para la educación moral de Isabel la Católica, repasa abundantes ejemplos de mujeres varoniles desde la antigüedad clásica hasta las amazonas, sin ofrecer una visión peyorativa de esos modelos.

Pero el tópico de la mujer disfrazada, como ya se apuntó en el capítulo anterior a propósito de la comedia de Pérez de Montalván, tuvo una repercusión bien amplia en el contexto literario y escénico del teatro del Siglo de Oro. Ése es el motivo, quizá, por el que la comedia del discípulo de Lope tuvo mucha más repercusión en su época que la autobiografía de Erauso, cuyo original todavía se desconoce, y de la que tenemos una edición princeps que no sabemos si coincide con la versión primera, y que se realizó dos siglos más tarde de haberse escrito la obra. Y antes que las representaciones teatrales conocemos centenares de versiones del romance de la «doncella guerrera» por todo el territorio español y europeo, como bien documenta Menéndez Pidal en sus estudios sobre el romancero[64]. Porque en las comedias del Siglo de Oro, el personaje de la mujer vestida de hombre funcionó como un lugar común y, de hecho, la historia contada por Montalván en relación con la Monja Alférez, «aunque tiene una base real, es una variación más de la Varona de Lope o de doña María de *El valiente de Céspedes,* es decir, que es otra Marfisa a la española»[65]. Lope y Tirso de Molina reactivaron el mito de la mujer travestida y la mujer guerrera, en obras como las ya citadas u otras del estilo como *Las mujeres sin hombres* (Lope), ésta de

---

[64] Es conocido, por ejemplo, el tipo de la mujer guerrera que ofrece Menéndez Pidal en su obra *El Romancero. Teorías e investigaciones,* Madrid, Editorial Páez, 1927, pág. 175, donde recoge el romance de Tánger «Reventada seas, Alda / por mitad del corazón; / siete hijas me pariste, / y entre ellas ningún varón.» Y apostilla: «Una de las siete hijas se ofrece a ir a la guerra como varón. Difiere mucho de las versiones peninsulares y representa una forma estropeada. Es tema de la canción popular de otras literaturas.» Es decir, se trata de un tópico frecuente en literaturas hispánicas y europeas, y que luego pasa de igual modo a América, como pasaron la mayoría de los romances populares españoles.

[65] Carmen Bravo-Villasante, *op. cit.,* pág. 73.

corte humorístico, o *Las Amazonas en Indias* (Tirso). En el *Arte nuevo de hacer comedias en este tiempo,* Lope de Vega aseguró que en la mujer «suele / el disfraz varonil agradar mucho» (vv. 282-283), y se sabe que algunas actrices del Siglo de Oro se hicieron famosas por el vestuario y el papel que desempeñaron como hombres, sobre todo por los disfraces que utilizaban, como el caso de Jusepa Vaca, conocida porque «tan gallardamente lucía en traje de hombre»[66]. Hasta en obras como *La vida es sueño,* de Calderón de la Barca, aparece el personaje femenino vestido de hombre, Rosaura, que viaja a Polonia por causa de sus amores con Astolfo y los agravios a su honor. Ciertamente son personajes secundarios y tramas subordinadas a la principal, pero el motivo aparece con claridad. Ahora bien, se puede decir que la comedia de Montalván marcó un antes y un después en el tratamiento del tópico. Comprendió muy bien el discípulo de Lope, probablemente inducido por su maestro, las capacidades escénicas, dramáticas y humorísticas del disfraz varonil. Carmen Bravo-Villasante está convencida de que a partir de la comedia de Montalván nacen «todas las derivaciones de damas capitanes y soldados; en ella puede verse ya el origen de la degeneración del tipo: la protagonista, Catalina, es matona, jugadora empedernida y mal hablada»[67]. Una derivación, sin embargo, del tema de la mujer travestida en el teatro fue el de la santa *androginizada,* basada en la identificación ya descrita entre *vir* y *virtus,* de la que en cierta medida participa la Catalina autobiográfica, al permanecer virgen y ser sancionada positivamente por el Papa. Siguiendo la genealogía de algunos ejemplos femeninos en la Biblia, numerosas santas y religiosas utilizaron el hábito masculino como un modo de buscar la perfección en su estado propio.

---

[66] M. Romera-Navarro, «Las disfrazadas de varón en la *Comedia», Hispanic Review,* II (1934), pág. 285.

[67] Carmen Bravo-Villasante, *op. cit.,* pág. 142. El tema de la mujer varonil en el teatro clásico ya ha sido suficientemente tratado por la crítica. Aparte de las obras ya citadas de Jack H. Parker, Romera Navarro, Belén Castro Morales, Gema Areta, Rima de Vallbona, Merrim y Perry, puede también consultarse J. Homero Arjona, «El disfraz varonil en Lope de Vega», *Bulletin Hispanique,* XX-XIX (1937), págs. 120-145; B. B. Ashcom, «Concerning "La mujer en hábito de hombre" in the *Comedia», Hispanic Review,* XXVIII (1960), págs. 43-62, etc.

Es el caso de Santa Margarita de Antioquía, Santa Teodora de Apolonia, Anastasia de Antioquía, Hilaria, Teodora de Alejandría, Eugenia de Alejandría, etc. Esta última, por ejemplo, que abandonó su origen pagano para convertirse al cristianismo, vistió siempre como hombre, preservó su virginidad e imitó a Cristo por su fe hasta el extremo de familiarizarse con lo masculino. Calderón rindió un homenaje a Eugenia en su obra *El José de las mujeres*, publicada en 1660, lo que demuestra que la tradición dramática que representa mujeres travestidas no había desaparecido en la segunda mitad del XVII. Algo parecido ocurrió con Juana de Arco en obras como *Pucella de Orleans*, de Lope de Vega, o *Poncella de Orleans*, de Antonio Zamora, que imitó el modelo lopista.

Si el protagonismo de ciertas mujeres quedó así reflejado en comedias, no pasó lo mismo con las mujeres que dejaron por escrito sus andanzas. En el *Discurso en loor de la poesía*, de principios del XVII, la célebre y anónima Clarinda peruana daba una lista de mujeres escritoras, que comienza con la Virgen María, a la que se atribuye el «primer poema» femenino, el *Ángelus*, intentando así demostrar que el papel principal de la mujer no se reducía a una serie de actividades externas pero perecederas, sino que también ofrecían ese otro brillo, de impacto algo menor, pero perdurable a lo largo de los siglos: la escritura, la fijación en el papel, la labor intelectual contrastada y objetivable. Sor Juana Inés de la Cruz, en su bien imbricada *Respuesta a Sor Filotea de la Cruz*, con el fin de justificar su obra escrita y su afición por los frutos del intelecto, casi siempre reservados a los hombres, traía también a colación una larga lista de mujeres que han destacado a lo largo de los siglos por su protagonismo intelectual o social. Como ha observado con sagacidad Belén Castro, «tanto "Clarinda" como Sor Juana tejen una genealogía femenina para declarar su pertenencia a un orbe intelectual ya legitimado por la Biblia y por la Historia, y para convencer con ese argumento sobre la propia legitimidad de su trabajo como mujeres intelectuales en el "parnaso antártico"».[68]

---

[68] Belén Castro Morales, *op. cit.*, págs. 231-232.

La mujer, la escritura, la autobiografía

Son muy pocos, sin embargo, los textos que poseemos de mujeres escritoras antes del XVIII. Ese escasísimo repertorio se reduce todavía más si nos fijamos en unos determinados géneros literarios, como el de la autobiografía. Un somero vistazo a las historias de la literatura confirma la impresión. En el Barroco de Indias sólo encontramos tres: la de Catalina de Erauso, la de Sor Juana Inés de la Cruz y la de Sor Josefa Francisca del Castillo. En Europa las dos primeras autobiografías relevantes son femeninas: *The Book of Margery Kempe* y las *Memorias* de Leonor López de Córdoba, ambas de principios del siglo XV, y la española considerada como la primera autobiografía en nuestra lengua y la única conservada de la época. Sólo a mitad del siglo XVI y en el XVII el género comienza a desarrollarse, a través de la historia —esta vez masculina— del *Lazarillo de Tormes* y, un poco más tarde otra autobiografía femenina, *El libro de la vida* de Santa Teresa de Jesús. Completa esta naciente tradición de mujeres escritoras la publicación de algunas obras de corte picaresco como *La pícara Justina* o *La Lozana andaluza*. Si tenemos en cuenta que éste es casi todo el corpus del que disponemos para comparar la historia de Catalina de Erauso, realmente podemos decir que es la única obra de nuestro Siglo de Oro escrita por una mujer (o, al menos, con protagonista femenino) que narra las aventuras de un personaje que oscila entre el pícaro y el héroe de guerra. Lo primero que salta a la vista es una paradoja: los primeros monumentos autobiográficos son femeninos, en una época en que la literatura escrita por mujeres es casi inexistente, y con las restricciones ideológicas que suponía exponer la realidad del sujeto por escrito y desvelar la intimidad, es decir, el paso de lo privado a lo público, que era prerrogativa del hombre. La obra de Erauso tiene un doble valor, pues contiene en cierta medida algunos rasgos comunes a la autobiografía espiritual de Santa Teresa o del resto de las religiosas de la época, pero también posee la impronta del relato ficcional que había sido instaurado a mitad del siglo XVI por Lázaro de Tormes, y cuyos más eximios representantes fueron hombres (el Buscón, el Guzmán, etc.), con las excepciones femeninas antes citadas. Las *Memorias* de Leonor López de Córdoba son un documento interesante, a pesar de su brevedad (apenas nueve páginas), porque desarrollan, dentro del ámbito privado, y a diferencia de las autobiografías de religiosas o santas, un discurso de legitimación social, política y económica, que no será nada ajeno a los propósitos de la Monja Alférez. Esta dama noble castellana de fines del XIV y principios del XV, después de sufrir un grave revés a consecuencia de las guerras civiles entre el rey Pedro I el Cruel y su hermano Enrique II de Trastámara, describe cómo tuvo que luchar contra la adversidad para superar la hecatombe familiar y social de su linaje, y así librarse de sus detractores. Su religiosidad, también cercana a la de Erauso, es fundamentalmente pragmática, pues la utiliza para conseguir sus fines. Del mismo modo que Catalina implica al obispo de Guamanga y al Papa para justificar su estado, mantener su independencia y asegurar un futuro, Leonor reza a la Virgen María para afirmarse a sí misma, para que se cumplan sus planes y se hagan realidad sus deseos.

Estos textos, ya de por sí sorprendentes, lo son mucho más si somos conscientes de que los relatos de vidas individuales eran poco valorados en la época, pues no constituían novelas, es decir, narrativa de ficción *(inventio),* pero tampoco tenían el prestigio de la Historia, pues en ésta se relataban sucesos generales que afectaban a colectividades dignas de ser descritas y guardadas en la memoria, mientras que la autobiografía se ocupaba únicamente de trayectorias personales, y el concepto de individualidad, necesario para el género biográfico, no queda totalmente fijado hasta bien entrado el Siglo de Oro, y nace ligado al ámbito de lo masculino. A esta norma aristotélica hay que añadir otro elemento nada despreciable: la descripción de la vida propia era también infravalorada y poco estimada por los moralistas, que veían en su ejercicio un prurito de vanidad que afeaba la construcción del alma plenamente cristiana. Esto, en una mujer suponía una traba todavía mayor, pues con frecuencia se le negó la autoridad y la educación para hablar de sí misma, y menos en un texto escrito. Sólo dentro del contexto religioso cabría esa posibilidad, ya que algunas mujeres tuvieron así acceso a la educación, y además se les permitía escribir sus experiencias sólo como un ejercicio de ascesis, una confesión, y en el caso de las santas como un modo de ayudar a las generaciones venideras a recorrer los caminos de la vida interior. Fuera de los ambientes religiosos, las mujeres apenas tuvieron voz pública. Como dijera Carolyn Heilbrun, «women have been deprived of the narratives, or the texts, plots, or examples, by which they might assume power over —take control of— their own lives»[69]. Además, se encontraban con otro obstáculo difícil de superar: no tenían modelos femeninos de escritura sobre los que apoyarse, puesto que nunca había existido una tradición literaria de mujeres, relegadas a las tareas domésticas, sin contacto apenas con la vida pública.

Por ello, la obra de Erauso se erige como uno de los máximos ejemplos de la transgresividad en su época, pues la autobiografía había llegado a ser un instrumento para consolidar el discurso de poder de los hombres. Ahora bien, Catalina introduce una variante que matiza el sentido de lucha contra el predominio masculino: se trata de una mujer que desarrolla una actividad «masculina» bajo un disfraz y unas costumbres propias del hombre. Catalina, como mujer, no posee la autoridad suficiente para hablar de sí misma, pues tampoco es, en puridad, una «santa» al estilo de Teresa de Ávila, ni una noble, al modo de Leonor. Su ascendencia española, vasca por más señas, de una familia hidalga, acomodada y conocida, o sus diez años en el noviciado de un convento no son credenciales suficientes para convertirla en potencial sujeto de una autobiografía. Debe, por tanto, convertirse de algún modo en hombre. Cuando da ese paso y «absorbe las cualidades masculinas, adquiere la categoría universal y la autoconciencia que le garantiza la autoridad y el derecho de poder hablar. Pasa de ser sujeto pasivo a agente, y del ambiente doméstico y encerrado del convento al público»[70]. De esa manera, escapa a cualquier tipo de canon, y ejecuta con gran habilidad,

---

[69] Carolyn G. Heilbrun, *Writing a Woman's life*, Nueva York, Ed. Ballantine, 1988, pág. 17.

[70] Encarnación Juárez, «La mujer militar...», pág. 148.

paso a paso, las estrategias necesarias para conformar una identidad híbrida. Mejor que nadie lo ha explicado Belén Castro:

> Como la amazona de los griegos, que vivía en las fronteras del mundo civilizado y representaba el violento salvajismo enemigo de los valores de la *polis* griega, ella salta todas las barreras normativas de su *cultura* y reivindica su peculiar *naturaleza* regida por instintos expansivos y de insumisión, buscando como hombre la fama y la gloria por el culto a Marte, o a Minerva, la diosa armada[71]. Así, la única, legendaria, la nueva Marfisa hace de su rareza su máxima virtud, y de su singularidad excepcional, la mejor estrategia para habitar el mundo más allá de las fronteras de los sexos. No necesita un canon femenino en el que inscribirse, porque, precisamente, busca escapar de la cárcel de su género, borrando de su cuerpo y de su escritura los signos de la feminidad. Ni los estigmas de la santa ni los cilicios de la mística marcarán su carne; tampoco los signos de la cultura en el martirio de la inteligencia; ella prefiere exhibir cicatrices de guerra: tatuajes de la violencia[72].

Y estas cicatrices, reales, que van más allá de las marcas que dejan en el cuerpo los aceros, convierten la autobiografía de Erauso en una obra en que el travestismo supera el papel jocoso o superficial que posee en muchas comedias del Siglo de Oro. Si bien los dramaturgos lo utilizaban como un recurso con numerosas posibilidades escénicas, en la Monja Alférez se sitúa en el origen del drama. Como observa también Castro, «en el plano vital, celebra (Catalina) su propia excentricidad desde la más agresiva virilidad. La rareza o la incomodidad se acentúa porque su discurso no regresa a la fantasía ingeniosa de las comedias de la época, donde era frecuente el

---

[71] Esta nota pertenece también a una interesante cita que Belén Castro adjunta a su texto: «El antropólogo mexicano Roger Bartra, en *El salvaje ante el espejo*, escribe que las amazonas, como híbridos de rasgos salvajes femeninos y masculinos, eran proyección de los temores que a los griegos inspiraba "lo Otro" ajeno a la razón, el salvaje y la mujer: "Las amazonas aparecen claramente como la imagen del salvajismo construida, paradójicamente, a partir de la encarnación misma de la vida doméstica griega, la mujer."» (En *El salvaje ante el espejo*, Barcelona, Destino, 1996, pág. 33).

[72] Belén Castro Morales, *op. cit.*, pág. 232.

travestismo de los personajes y de donde parece proceder su historia, sino que se propone como una cruda verdad que altera profundamente el orden establecido de los géneros y las atribuciones concedidas a cada sexo»[73].

Desde el punto de vista del primer editor, Ferrer, que subraya el carácter moral clásico de los actos, la protagonista del cuento, hecha a los modales del hombre guerrero, representa un *antimodelo,* porque su ejemplo no retrata la virtud. Precisamente por ser una mujer con tantas capacidades humanas, intelectuales, físicas, etc., podría haber sido una *heroína,* si hubiera utilizado sus dotes para servir a la colectividad y no a sus propios *instintos.* Opina Ferrer:

> Quisiera yo en verdad que mi heroína hubiese merecido este nombre por sus virtudes; que hubiera utilizado las grandes calidades de que la dotó la naturaleza; que de su claro entendimiento, de aquellas disposiciones felices con que en las variadas situaciones de su vida mostró toda la extensión de su capacidad hubiese hecho un uso acertado y noble, ilustrando su sexo por la superioridad de su razón; que su ánimo esforzado y varonil exento de la mancha de los delitos, renunciando a la triste celebridad de jaques, espadachines y perdonavidas, se hubiera exclusivamente empleado sobre el campo del honor en añadir nuevos timbres a las glorias de su patria. Mas por desgracia la doña Catalina de Erauso está muy distante de ser un modelo de imitación. Mezcla extraña de grandeza y de funestas inclinaciones, su valor es las más veces irascibilidad ciega y feroz, su ingenio travesura, y sin merecer el nombre de grande tiene que contentarse con el de mujer extraordinaria y peregrina, y no puede reclamar aquella admiración, aquella especie de culto que las generaciones reconocidas tributan sólo al empleo útil de los talentos, al uso justo y benéfico de la fuerza, al heroísmo de la virtud[74].

---

[73] Belén Castro Morales, *op. cit.,* pág. 229.

[74] J. M. de Ferrer (ed.), *op. cit.,* prólogo, págs. VII-IX. Hemos modernizado la ortografía de igual modo que lo hemos hecho con el texto de la obra, es decir, omitiendo las tildes en los monosílabos, colocándolas en otros términos como «más» (cantidad), «sólo» (adverbio), las palabras agudas terminadas en «n»; sustituyendo «s» por «x» en «extensión, «extraña», «extraordinaria», «g» por «j» en «mujer», etc.

Es interesante que Ferrer sólo repara en el aspecto moral más claro, los delitos de sangre y las afrentas personales fruto del orgullo no dominado, sin emitir juicios de valor negativos acerca del travestismo ni de la afición a los roles propiamente *masculinos*, según la época. Pero tampoco duda en calificar a la Monja como un «fenómeno raro» (pág. IX), y en preguntarse si será posible que «un individuo de la especie humana, con todas las apariencias exteriores de su sexo, pueda real y verdaderamente pertenecer a otro» (pág. X), habiendo matizado anteriormente que «la historia de las mujeres hombres (...), con ser inmensamente más reducida que la de los hombres mujeres» ha sido muchas veces descrita, mientras que «nadie ha querido escribir» la de los «hombres mujeres» (pág. VII). Es decir, mientras el homosexual u *hombre débil* significa una vergüenza que todo escritor desea tapar, la idea de una *mujer fuerte* resulta hasta atractiva, lo que viene a confirmar que lo *masculino* posee unas connotaciones positivas frente a lo *femenino*. No obstante, no deja de señalar que, si la mujer se olvida de las acciones «en que *esencialmente*[75] consiste la diferencia de entrambos, y que llega hasta adquirir, y sentir las inclinaciones y deseos del sexo opuesto», se deduce «de este fenómeno ideológico y moral, hasta qué punto la influencia de nuestros juicios habituales, y por consecuencia la acción de la educación, es decir la de los ejemplos y hechos repetidos, son capaces de modificarnos, de alterar y trastornar los movimientos menos dependientes al parecer de nuestra voluntad, las leyes más mecánicas de nuestra organización» (pág. X). Por eso, insta a las autoridades de este modo:

> ¡Legisladores! La educación, la educación debe ser el asunto más serio de vuestras meditaciones, como el primer interés de la sociedad, como la única base de las leyes, que no pueden tener otra que las costumbres públicas, como el único medio de sustraer los hombres a las ciegas influencias del acaso, terreno movedizo y mal seguro que según los primeros ejemplos decide de su suerte (pág. XII).

---

[75] El subrayado es nuestro.

Porque, si Catalina de Erauso, concluye Ferrer, hubiera sido educada en un *buen* sentido, quizá habría destacado *positivamente* por lo mismo que otras *eximias* mujeres de su talla intelectual y espiritual. «¿Quién sabe —se pregunta el prologuista— si cultivado su ingenio por la educación no habría sido dirigida por la piedad una santa Teresa de Jesús, inclinada a la elocuencia y la política una Aspasia, exaltada por el entusiasmo patriótico una Porcia, o dada a la literatura una Stäel?» (págs. XV-XVI). De todas estas citas del prólogo de Ferrer se desprende que esa ambigüedad que define la vida y la obra de Erauso plantea cuestiones que apenas pueden resolverse con cierta objetividad. Por un lado se hace notar la baja catadura moral de algunos de sus actos, pero no se deplora la tendencia hacia lo masculino, aunque se reconoce que es un fenómeno extraño en el que la falta de una adecuada educación ha provocado desviaciones en la naturaleza de las cosas. Lo realmente interesante, sin embargo, es indagar las razones por las que Catalina dio ese cambio tan brusco en su vida a la salida del convento y las consecuencias que su decisión produjo. Ya en el primer capítulo, nada más consumar la huida y cambiarse de ropa, se corta el pelo, comienza a vestir como muchacho y empieza a referirse a sí misma en masculino, tomando el nombre de Francisco Loyola. Más adelante, y para que su aspecto fuera lo más parecido posible a un hombre, se somete a un tratamiento para que no le crezcan los pechos. Aunque ella no lo menciona en su autobiografía, Pedro de la Valle el peregrino lo cuenta en la carta que escribe a su amigo Mario Schipano, después de haberla conocido el 5 de julio de 1626 en su casa de Roma. De la Valle le cuenta toda la historia de sus aventuras, y termina con una descripción física:

> Ella es de estatura grande y abultada para mujer, bien que por ella no parezca no ser hombre. No tiene pechos: que desde muy muchacha me dijo haber hecho no sé qué remedio para secarlos y quedar llanos, como le quedaron: el cual fue un emplasto que le dio un Italiano, que cuando se lo puso le causó gran dolor; pero después sin hacerle otro mal, ni mal tratamiento surtió el efecto.
>
> De rostro no es fea, pero no hermosa, y se le reconoce estar algún tanto maltratada, pero no de mucha edad. Los cabe-

llos son negros y cortos como de hombre, con un poco de melena como hoy se usa. En efecto parece más capón que mujer. Viste de hombre a la española: trae la espada bien ceñida, y así la vida: la cabeza un poco agobiada, más de soldado valiente que de cortesano y de vida amorosa[76].

Es decir, el *disfraz* de Catalina no es simplemente exterior y pasajero, sino que es una opción fundamental de vida. Catalina no se disfraza para salir de una situación embarazosa, para huir sin ser conocida, para borrar momentáneamente las huellas que pudieran dar pistas a unos hipotéticos perseguidores, sino que decide, con todas sus consecuencias, *hipermasculinizarse*[77], buscar una identidad personal cruzando las fronteras sexuales y culturales, donde cualquier frontera es peligrosa. Ahí radica su singularidad, y su peculiar relación con el entorno social y político del momento, como indica M. E. Perry:

> Unlike most other women known for cross-dressing, Catalina de Erauso did not assume male roles and male clothing in order to solve a momentary problem or to express a brief rebellion, after which she would return to her female identity. Instead, she apparently identified herself as a male early in her life, disguised herself as a male, and succeeded in gaining acceptance for her male identity even after she had to reveal herself as a woman. The life of the Nun-Lieutenant, then, raises significant questions about the relationships among sex, body, gender, self-identity, rebellion, and convention[78].

Perry llega a plantearse, desde la perspectiva de los actuales estudios de género, cuestiones tan básicas como la misma ma-

---

[76] Cit. por J. M. de Ferrer (ed.), *op. cit.*, págs. 126-127. Sacado de los manuscritos de Trigueros que a su vez Muñoz recogió y Ferrer utilizó para su edición. Se trata del tercer tomo del viaje realizado por Pedro de la Valle, y escrito en italiano. Impreso por primera vez en Bolonia, en 1677. Según Sara Jarpa Gana de Laso (*op. cit.*, pág. 17), fue una india mexicana, y no un italiano, quien recomendó a Catalina «colocarse compresas de ciertas hierbas en el busto», para evitar así el crecimiento de los pechos.

[77] Éste es el término que utilizan algunas de las críticas que, en los últimos años, sobre todo desde los Estados Unidos, han tratado la obra de la Monja Alférez desde el punto de vista de los estudios de género.

[78] Mary Elizabeth Perry, «From Convent...», pág. 394.

nera de denominar a la protagonista del relato, en el sentido genérico, pues normalmente todos nos acercamos a su persona utilizando el femenino. Ella no lo tiene tan claro, y prefiere evitar la elección, llamando al personaje Erauso, sin aludir al nombre, y evitando los términos que necesariamente escojan entre el masculino y el femenino, porque «writing about the Nun-Lieutenant raises significant questions about the limitations of gendered names and languages». Sin embargo, no puede evitar, líneas antes, decidirse por el masculino:

> It could be argued that Catalina de Erauso should be identified as a male who did not allow his family's mistaken identity of him nor his lack of some of the physiological characteristics of males to undercut his own understanding of himself. And it should be asked if the problem is not less with the individual than with the need to conform to a dichotomized system of male and female[79].

Este problema, que podría parecer intrascendente para el crítico actual, fue sin embargo algo que debió de preocupar a la protagonista de la historia, a juzgar por las vacilaciones que encontramos en los manuscritos, donde se alterna el masculino y el femenino, e incluso en las variantes que se producen entre los manuscritos, que anotamos convenientemente en nuestra edición. Como hemos visto anteriormente, en la edición que hemos utilizado, la de Ferrer, existe esa vacilación desde el principio, ya que comienza *autonombrándose* en femenino y, una vez huida y disfrazada, empieza a referirse a sí misma en masculino, algo que mantiene hasta la confesión al obispo de Guamanga, donde recupera la *voz* femenina, que continúa usando casi hasta el final del relato cuando, ya en Europa, obtiene el permiso para volver a sus hábitos de hombre, tiene aquellas entrevistas con el Rey y el Papa y recupera la *voz* masculina. Pero ahí no terminan las ambigüedades: de unos manuscritos a otros hay variantes significativas que afectan a la denominación genérica o a ciertos rasgos que se atribuyen a un género concreto. Sólo en el primer capítulo des-

---

[79] Mary Elizabeth Perry, «From Convent...», pág. 395.

tacamos, por ejemplo, su misma presentación. En la edición de Ferrer, que coincide con el manuscrito de la Academia de la Historia, comienza: «Nací yo, doña Catalina de Erauso...»[80], mientras que en el primer manuscrito sevillano presentado por Pedro Rubio aparece: «Nací yo, el Alférez Catalina de Erausso...»[81]. Un poco más adelante, al salir del convento, cuando se cambia de ropa, se corta el pelo, pero la manera de describir ese hecho difiere también de unos manuscritos a otros. En la edición de Ferrer, que vuelve a coincidir con el texto de la Academia de la Historia, refiere escuetamente: «Cortéme el cabello y echélo por ahí...» (95), mientras que en el primero de Sevilla explica: «Cortéme el cabello, que habiendo sido criada en regalo en poder de mi tía, ya se ve qual sería; echélo todo esparcido por aquél monte...» (54), y en el segundo manuscrito sevillano: «Cortéme el cabello, que había criado con regalo y esparcílo por allí...» (96). Desde la parquedad e indefinición de la versión de Ferrer, encontramos en los manuscritos sevillanos referencias al género y explicaciones que nos revelan ciertos rasgos claramente femeninos. El uso del género femenino en el primer manuscrito viene matizado por el comentario acerca de la longitud del cabello, más propio de las mujeres, que se explicita en los dos manuscritos, etc. La crítica ha optado por varias posibilidades en el momento de interpretar estas ambigüedades que se dan frecuentemente en el plano lingüístico de la obra pero también, y más claramente, en las mismas acciones que desarrolla Catalina durante todo el relato. Pedro Rubio opina que sus sentimientos fueron propiamente femeninos, y que lo femenino fue su auténtica identidad, pues lo revela así en la confesión (episodio relativo al padre Luis Ferrer, de Valencia, en el capítulo XVIII; es la primera vez que delata su verdadero estado), dado que en esa entrevista, desde el punto de vista de la práctica cristiana de los sacramentos, que ella aceptaba sincera-

---

[80] Pág. 93 de nuestra edición. A partir de ahora, todas las referencias a la edición de Ferrer se harán con el número de página entre paréntesis. Del mismo modo, todas las citas a partir de ahora de esta edición se realizarán dentro del texto, con el número de página entre paréntesis.

[81] Pedro Rubio Merino (ed), *op. cit.*, pág. 53.

mente, el pecador está obligado a decir toda la verdad. Lo mismo ocurre poco más adelante con el obispo de Guamanga. Además, observa Rubio, hay otros detalles que corroboran su feminidad:

> Los sentimientos femeninos, ocultos bajo los disfraces varoniles de la indumentaria, se traducen en verdadera manifestación de pudor, como cuando se resiste a ser desnudada ante el alcalde de Corte en el Potosí para someterla al tormento [...].
> Catalina, disfrazada de soldado, logró mantener a raya sus sentimientos femeninos, aunque no le faltó ocasión en que se vio traicionada por ellos, como cuando narra la durísima travesía del desierto chileno luego de desertar del ejército en la Concepción. Las fatigas fueron tantas, que el aguerrido alférez se vio obligado a escudarse en sus sentimientos religiosos, dando rienda suelta a su condición débil de mujer[82].

Hay otros que, sin embargo, soslayan la cuestión de fondo dando vueltas al tema de las mujeres disfrazadas y la persecución de la sodomía en el Siglo de Oro, para concluir que el Barroco, como época contradictoria, tuvo en Catalina de Erauso un ejemplo más del espíritu de su tiempo, y que esa hibridez fue una prueba de que lo paradójico y lo monstruoso fueron elementos muy del gusto Barroco. Stephanie Merrim, basándose en los estudios de Octavio Paz, Barrionuevo, González-Echevarría, Mullaney, Park y Reed sobre el Barroco y su tendencia a los casos extremos, el feísmo, lo grotesco, desagradable y monstruoso, la exageración, el dramatismo, el complejo de víctima y la provocación de asombro, analiza los puntos de contacto de lo monstruoso con la estética barroca. Dice Merrim:

> Particularly emblematic of this Baroque tendency, and significant for the case of Erauso, is the matter of monsters [...]. What did the seventeenth-century Hispanic world understand as monsters? Naturally, the dwarves and midgets so favored by the court and captured in Velázquez's paintings cons-

---

[82] Pedro Rubio Merino (ed.), *op. cit.*, pág. 30.

tituted monsters [...]. Shockingly hybrid or contradictory phenomena [...] were considered monstrous and enjoyed an extraordinary popularity [...]. Monsters in the seventeenth century [...], were to be displayed —in the theater, in the wonder cabinet, in the public square, in paintings; recalling their etymological root in *monstrare* (to show), monsters purportedly incited not pity but the curiosity and wonder of the spectator [...]. In precisely these terms, the phenomenon of Catalina de Erauso had something of the «monstrous» to it[83].

En tercer lugar, algunos críticos hacen hincapié en la fortaleza física de la Monja Alférez, pero teniendo en cuenta que este discurso en el que una mujer logra vencer una multitud de obstáculos, en el que demuestra poseer una fuerza sobrehumana y un valor que son más propios del hombre, en el fondo se han convertido en un tópico literario o una costumbre del momento histórico que apenas dicen sobre la verdadera condición genérica o sexual de los protagonistas de las obras y los hechos. Encarnación Juárez se apoya para esta tesis en los estudios de Wheelwright sobre las mujeres militares donde afirma que «the constant need for male acceptance is a feature of autobiographies written by both disguised women warriors and those fighting as the lone female in an all-male regiment. Because their lives were dependent on their comrades' approval, it was never something they could take for granted. Rather, the women endured endless self-imposed tests of their masculinity, proving over again that they measured up». Por ello, apostilla Juárez a continuación, «Catalina de Erauso se ve obligada a demostrar su fortaleza física y moral, su superioridad como soldado, su destreza como espadachín y jugador y su capacidad de enamorar damas. Hay que tener en cuenta que de soldado se le consideraba un "capón", como testimonia Pedro de la Valle, es decir, su sexo se podía hacer fácilmente sospechoso. A través de la superación de esas dificultades, se borran recelos y se coloca a un nivel cómodo de aceptación en la esfera masculina»[84]. Sobre este tema volvere-

---

[83] Stephanie Merrim, *op. cit.*, pág. 193.
[84] Encarnación Juárez, «La mujer militar...», pág. 154.

mos más adelante cuando estudiemos las relaciones de estos relatos con la picaresca.

En fin, hay quienes deciden abordar este problema hasta las últimas consecuencias y plantear incluso la posibilidad del lesbianismo, haciendo hincapié en que no se trata sólo de una cuestión física o de disfraz, sino de una caracterización psicológica de la protagonista, a tenor de lo que se relata en el texto. Pienso que, en este sentido, los trabajos de Adrienne L. Martín y Mary Elizabeth Perry aportan ideas sugerentes. Martín, basándose en la idea de que nunca se sintió atraída por un hombre (al menos en el relato autobiográfico), repasa las tesis de Rima de Vallbona en lo que fue su trabajo doctoral de 1981 que luego fructificó en la edición ya comentada. Las palabras de Vallbona eran contundentes, refiriéndose a la costumbre de Catalina de entrar en el coqueteo con las mujeres que se le acercaban hasta el momento en que ellas deseaban consumar el acto, para retirarse ipso facto:

> Subyace en toda esta pose una serie de signos que connotan una complacencia lesbiana reprimida por la protagonista hasta en el discurso narrativo (palabras referidas a sí misma) debido al peligro que corría si en aquellas circunstancias se llegaba a descubrir su sexo[85].

Para demostrar este aserto alude al pasaje del capítulo V, en el que parte de Trujillo a Lima y sirve al rico mercader Diego de Lasarte, el cual la/le despide porque un día la/le descubrió «andándole en las piernas» a la hermana de su mujer, «acostado en sus faldas» (109). Martín quiere matizar un poco la aseveración de Vallbona, aunque comparte en esencia su teoría,

---

[85] Cit. por Adrienne L. Martín, «Desnudo de una travestí, o la "Autobiografía" de Catalina de Erauso», en Juan Villegas (ed.), *Actas Irvine-92, Asociación Internacional de Hispanistas II, La mujer y su representación en las literaturas Hispánicas,* Irvine, Universidad de California Press, 1994, pág. 37. Cito por este trabajo porque no he podido acceder al texto original de Rima de Vallbona, que no está publicado en la edición de Arizona de 1992, ya que la tesis doctoral no se llegó a publicar, sino que fructificó años más tarde en lo que sería la magnífica edición del texto de la Academia de la Historia. Adrienne Martín la cita como una tesis titulada *Historic Reality and Fiction in* Vida y sucesos de la Monja Alférez, y presentada en 1981 en Middlebury College.

opinando que «lo interesante es que durante su vida no hubo pruebas ni denuncias de transgresión sexual contra Catalina. Por lo menos, no se registra ninguna en la documentación conservada. Su sexualidad es obliterada, y si se la interpreta no es como lésbica sino reticentemente como un intento de ella por hipermasculinizarse»[86]. Pensamos que es quizá algo exagerado defender taxativamente, apoyándose en un texto tan ambiguo y escueto, una condición psicológica y genérica concreta, ya que la misma autora es la que esconde los datos y juega con los potenciales lectores para conseguir sus intereses. Más útil es, desde nuestro punto de vista, el estudio que Perry hace de los elementos de hipermasculinización, a través de los cuales se pueden intuir tendencias pero nunca llegar a conclusiones radicales. En primer lugar, la «stylization of the body (...), so essential to gender»; en segundo lugar «she had to develop her own corporeal style», lo que significa «not only to dress as a male, but also to engage in a stylyzed repetition of acts (...) which could legitimize and inscribe gender on the body»; seguidamente sirviendo a varios amos, pues «during this period Erauso undoubtedly learned by observing the body gestures, speech, and everyday movements of men who would not have been present in the convent»; ya en América, los primeros trabajos que realiza, antes de enrolarse en el ejército sirven para que «Erauso's education as a male continued»[87]. Es decir, más que una posible atracción hacia las mujeres, derivada de una condición psicológica inicial o una vida de infancia rodeada exclusivamente por mujeres, se trata de observar el *aprendizaje* sentimental o, más bien, social, que le lleva, desde el momento de la huida hasta su instalación en ese mundo americano más libre, a *actuar* como hombre. Sin caer en la inocencia de Ferrer, que presentaba a Catalina como una víctima de una educación *torcida* en una personalidad tan fuera de lo común, Perry recorre ese itinerario para sospechar que Erauso tuvo algún tipo de inclinación lésbica, pero dejando claro que en ningún momento se refleja

---

[86] Adrienne L. Martín, *op. cit.*, pág. 37.
[87] Mary Elizabeth Perry, «From Convent...», págs. 397-398.

con contundencia en el texto ni mucho menos en los documentos que poseemos sobre su vida:

> Although the autobiography suggests Erauso's erotic interests in several women during her time in the New World, it falls short as a clear description of lesbianism. It tells of no satisfying and long-lasting relationships, which may account for the tension and note of irritability that some readers sense in this section. Possibly Erauso wanted to express sexual feelings, but feared the consequences of revealing not only her female identity, but also her homosexual longings. Perhaps he did not want to commit to long-term relationships, or perhaps he did not describe these relationships because he knew that they would not be acceptable in his society of compulsory heterosexuality[88].

Ciertamente, pensamos que el aspecto decisivo para la interpretación de la obra sobre la Monja Alférez y los documentos que acerca de su vida y andanzas poseemos no estriba en saber si tenía o no cierto tipo de inclinaciones, a pesar del énfasis que un sector norteamericano de la crítica ha manifestado en la última década del siglo pasado. Javier Aguirre, que dirigió la película *La Monja Alférez*, de 1986, y que realizó el guión, junto con Alberto Insúa, basado en la autobiografía, opina que «no se trata de un homosexual ni de un travesti tal como lo entendemos ahora: es un caso muy especial de mujer que no acepta su condición porque es consciente de que ser mujer, en su época, es ser menos»[89]. Lo que realmente nos interesa es conocer los motivos por los que Catalina escribe lo que conocemos y no otra versión de los hechos, y contrastar así los datos que da con los que aparecen en otras relaciones, cartas y documentos varios. Sólo así sabremos ante qué tipo de obra estamos y cuáles eran realmente los mecanismos que utilizaba una mujer para hacerse visible en un mundo absolutamente regido por la norma masculina. Todo esto tiene mucho que ver con la posible relación de la obra con el género picaresco.

---

[88] Mary Elizabeth Perry, «From Convent...», pág. 400.

[89] Javier Aguirre, «Entrevista sobre la película *La Monja Alférez*», en *Fotogramas y vídeo*, diciembre de 1986, pág. 65.

MEDIAS VERDADES, MEDIAS MENTIRAS: EL «GÉNERO» PICARESCO

Catalina comienza el relato de su vida del mismo modo que Lázaro de Tormes: cuenta el nacimiento (lugar y modo), dice quiénes son sus padres, y da un apunte somero sobre su infancia hasta llegar al hecho desencadenante de la huida y el posterior servicio a varios amos. Se escribe desde la edad adulta, cuando el personaje ya se ha abierto camino en la vida y está acomodado, y el relato se plantea como una confesión, que justifica toda una trayectoria vital, en la cual también, como cualquier pícaro, ha servido a muchos amos y se ha curtido en la *escuela de la calle*. Pero los rasgos picarescos no terminan ahí. La estructura de los capítulos es similar, con un título, a veces largo, que resume en tercera persona lo que acontece en él, la aventura, para luego pasar al autobiografismo masculino. Asimismo, el amoralismo de ciertos pasajes sin aludir a lógicos problemas de conciencia, el tono irónico o burlesco de muchas secuencias, etc. Es interesante partir de una premisa: que el discurso individual presente en la literatura de la Edad Moderna, está provocado por el discurso de las instituciones, origen de los modelos fundamentales de las autobiografías del Siglo de Oro, de las obras escritas en primera persona: el memorial de servicio, la confesión y la picaresca. No en vano algunos críticos vieron el origen de la picaresca precisamente en un tipo de relación de servicios, la *genere humili*[90], en que un individuo de un rango inferior, casi siempre relacionado con el estamento militar, contaba desde su perspectiva autobiográfica los méritos que había ido acumulando durante años, con el fin de que otra persona de rango superior y con capacidad de decisión pudiera conseguirle alguna prebenda, que supusiera, si no el ascenso social, sí al menos una recompensa económica. Esta clase de documentos proliferó de un modo muy claro a partir de la conquista y co-

---

[90] Cfr. Belén Castro Morales, *op. cit.*, pág. 233.

lonización del Nuevo Mundo, cuando innumerables miembros de las clases más bajas vieron en América un lugar para medrar social y económicamente, un lugar para hacer méritos de un modo fácil, dado que en la Península los roles sociales se mantenían de un modo parecido al de la Edad Media, y la impermeabilidad de las clases sociales era todavía una realidad que la tradición había conservado. La única manera de romper sencillamente las barreras de la sangre para hacer valer el mérito individual consistía en trasladarse al Nuevo Mundo y servir a la Corona con las armas o las encomiendas.

La *Historia de la Monja Alférez* es una confesión resuelta al estilo picaresco, pero dependiente de modo muy directo de los memoriales de servicios, tan comunes en aquella época para los soldados, que ella misma dirige al Monarca y al Consejo de Indias con el propósito de conseguir un sueldo vitalicio como recompensa a los servicios, relato que guarda en este sentido una gran semejanza con otros coetáneos como los *Infortunios de Alonso Ramírez,* del mexicano Sigüenza y Góngora, o el *Discurso de mi vida* del corsario y capitán madrileño Alonso de Contreras, escrito en Palermo, en 1630, donde el delito, la inmoralidad y los métodos del pícaro se describen con una sinceridad que recuerda a la de nuestra monja alférez. Se puede decir que los dos tipos de textos (autobiografía y memoriales) son complementarios. La autobiografía de Erauso cuenta lo que le interesa para justificar una conducta hasta cierto punto intachable, y con ella refrenda y apoya la petición que hace a la autoridad competente. El 7 de marzo de 1626 se da cuenta mediante un documento de una petición del Alférez doña Catalina de Erauso al Consejo de Indias, «en que refiere que ha diez y nuebe años pasó a las provincias del Perú en ábito de barón, por particular inclinación que tubo de ejercitar las armas, en defensa de la fee católica y servicio de vuestra majestad y que los quince dellos ha asistido en las guerras...» por lo que suplica que, una vez conocidos «sus balerosos hechos y singularidad y prodigio del discurso de su vida, le haga vuestra majestad de un entretenimiento de setenta pesos de a veynte y dos quilates al mes, situados en la provincia de Cartagena de las Indias. Y alguna ayuda de costa para poderse yr: y visto en el Consejo, ha parecido q[ue] aunq[ue] el andar en hábito de varón es cosa prohibida, ya que ha sucedido, y con él ha servido tantos años y con tanto valor en guerra tan porfiada, y recibido heridas, será muy de la real mano de vuestra majestad hazella merced con que pueda sustentarse y recogerse, y que ésta podría ser de quinientos pesos de a 8 reales de renta por su vida en las provincias del Perú, en pinsión sobre encomienda de Yndios, y en cuanto a si se le mandara que ande en hábito de muger, remitirlo a vuestra majestad para que mande lo q[ue] fuere más servido, porq[ue] no se le conoce inclinación a mudar del que ahora trae, q[ue] es de varón»[91].

Otro documento de esa misma fecha corrobora la petición al Rey y al Consejo y recomienda que la peticionaria vuelva al hábito que le corresponde como mujer. Días más tarde, el 19 de abril de ese mismo año, hay otro documento, que se conserva en la Real Academia de la Historia y, que por tanto, también reproduce Ferrer en su edición modernizada. José de la Higuera, archivero del General de Indias, certifica la existencia de ese pedimento, en el que Catalina de Erauso declara que 15 de los 19 años que pasó en América sirvió al Rey, «hauiendo passado a aquellas partes en ávito de Barón, por particular ynclinación que tuvo de exercitar las armas en defensa de la fee católica, y emplearse en servicio de vuestra merced (...)», suplica «a vuestra majestad se sirva de mandar premiar sus servicios y largas peregrinaciones y echos valerosos, mostrando en ella su grandeça, assí por lo que tiene merecido, como por la singularidad y prodigio que biene a tener su discursso, teniendo atención a que es hija de padres nobles hidalgos y perssonas principales en la Villa de San Sebastián, y más, por la singularidad y rara limpieça con que ha vivido y bibe, el testimonio de lo qual se puede sacar del mismo tiempo, por lo qual reciuirá merced de que se le dé un entretenimiento de setenta pessos de a veinte y dos quilates al mes en la ciudad de Cartaxena de las Yndias, y una ayuda de costa para podersse yr; en que conseguirá lo que de vuestra majestad y de su grandeça espera, etc.»[92]. Los documentos no terminan aquí. Los Archivos de la

[91] Cit. por Rima de Vallbona, ed. cit., pág. 131.
[92] Cit. por Rima de Vallbona, ed. cit., págs. 132-133.

Real Academia y el General de Indias contienen además certificaciones hechas por altos cargos de la administración y el ejército, reconocimientos de testigos acerca de la veracidad de los servicios prestados, declaraciones de ella misma y de otros testigos con relación al asalto que sufrió junto con otros compañeros en Piamonte (cap. XXIII de nuestra edición) y nuevas peticiones en 1628 y 1630, para recibir más dinero o pasarle la pensión de un lugar a otro dentro del territorio americano. En resumen, los argumentos que Erauso utiliza para hacerse merecedora de sus peticiones son: el servicio a la Corona como soldado durante muchos años, la inclinación natural a las armas en defensa de la fe católica, su condición de noble, su afición al hábito de hombre que propone sea respetada y su conducta valerosa, honrada e intachable. Desde esta perspectiva, la autobiografía cobra un nuevo sentido, pues no se trata sólo de demostrar y sancionar el predominio de lo masculino sobre lo femenino en la sociedad del momento, sino sobre todo de consolidar un *status* personal tanto social como económico, conservando los privilegios que hasta el momento ha luchado por no perder. Si Lázaro de Tormes «se arrima a los buenos» y escribe a su valedor «Vuestra Merced», el arcipreste de Sant Salvador, para relatarle el *caso,* Catalina escribe su biografía y la acompaña de unos pedimentos pero apuntando más alto: se dirige directamente al Rey y al Consejo, y buscará apoyo también en el poder espiritual, dato importante que no esconde la biografía. Por ello, no es extraño que haya muchos datos que difieran de unas a otras versiones de la autobiografía, y de éstas a las relaciones, peticiones, memoriales, cartas, retratos, partidas y demás documentos, comenzando por la misma fecha de nacimiento. Como ha comentado certeramente Belén Castro:

> parece obvio que esas variantes tienen una lógica razón de ser cuando se refieren a una vida fugitiva, dilatada y azarosa, desarrollada en muy distintos espacios y tiempos y, sobre todo, cuando esa vida fue contada por su protagonista numerosas veces y con diversos propósitos. No es difícil deducir que la memoria alteró los datos y fechas involuntariamente, o que los escribanos y copistas pudieron deslizar errores; pero también es posible suponer que Catalina modificó su historia de-

liberadamente, adaptándola primero a lo que debían saber de ella las autoridades militares, civiles y eclesiásticas que le concederían pensiones y dispensas; y luego a lo que querían leer sus lectores, cuando se dio a la prensa, en 1625, su supuesta autobiografía[93].

De ese modo, la ambigüedad sexual y genérica que hemos ido intentando desentrañar, se une a una serie de ambigüedades que determinan todos los aspectos de la obra y hacen más atractiva todavía la investigación sobre su vida y sus escritos. Los datos históricos, las verdades que elimina de su biografía personal y en su declaración de Guamanga en 1617, corroboran la pericia en el arte de elegir la información conveniente, en el arte de tapar lo comprometido y sacar partido de los datos que considera positivos para uno u otro tipo de autoridad competente, en un proceso que culmina en 1625, con las sanciones definitivas de sus privilegios por parte del Rey y del Papa. El fin justifica los medios, pero además bajo la apariencia de una actitud moral y moralizante. Es decir, no sólo se justifican todo tipo de tropelías relacionadas con el quinto y sexto mandamientos, esto es, los delitos relacionados con la vida y con el sexo, sino que además se propone esa vida y esas circunstancias como modelo de probada reputación, que merece ser premiada, ya que «el texto picaresco permite la exhibición cínica, morbosa e incluso ambiguamente complaciente, de lo inaceptable, al amparo de una marco moralizante»[94]. Esta característica, que tiene su comienzo en el tipo de obras que analizamos durante el período colonial, se prolonga hasta el siglo XIX y llega hasta la obra que se ha considerado habitualmente como la primera novela hispanoamericana, el *Periquillo Sarniento*. Lo malo se convierte en bueno:

> Si leemos atentamente la *Historia de la Monja Alférez...* y separamos los aliños novelescos y las situaciones rocambolescas e increíbles, podremos comprobar la metamorfosis de la violencia en valentía y defensa del honor, la ambigüedad sexual en virtud y castidad, y el crimen de guerra en lealtad al rey, a

---

[93] Belén Castro Morales, *op. cit.*, pág. 228.

[94] Belén Castro Morales, *op. cit.*, pág. 234.

la causa colonizadora y expansionista del imperio español, o a la defensa de los valores católicos y nacionales. La *naturaleza* agresiva, semibestial, de la amazona, se reintegra así a la *cultura* de la época, en una curiosa reconversión de los hechos, los valores y los signos[95].

El mejor resumen de esta actitud picaresca, que se practica con una habilidad fuera de lo común, lo hizo Belén Castro al afirmar que «lo que la ortodoxia normativa rechaza, lo admite la estética de la desmesura»[96]. Una desmesura hiperbólica que está en la base del relato picaresco, cuando el narrador autobiográfico exagera los males sufridos, las incomprensiones recibidas de parte de sus colegas y superiores, la dificultad de las pruebas superadas con éxito, hasta la meta final que es el relato de sus avatares personales. La descripción del *caso* ha de ser convincente y, más que mover a compasión, pues no se trata de pedir favores, debe inspirar la necesidad de hacer justicia. Catalina sabe cuáles son los elementos que debe destacar para que la autoridad no tenga en cuenta sus errores: la guarda de la virginidad, la integridad de la fe católica, la defensa de la Corona y la salvaguarda del honor personal. Por eso, y aunque en su relato aparecen hasta 11 muertes provocadas por sus acciones violentas, incluso los episodios más delictivos se convierten en acciones no sancionables moralmente. Para los que mata en el campo de batalla, le avala la idea de la *guerra justa,* que justifica civil y moralmente la muerte del enemigo. Además, los méritos ganados en la guerra americana refuerzan doblemente la idea imperial de la Corona, porque rememoran las luchas que durante ocho siglos el europeo castellano cristiano ha protagonizado contra el musulmán invasor. La coincidencia de la fecha de 1492 como término de la Reconquista e inicio de la otra conquista, la de ultramar, se convierte en un símbolo, a través del cual la idea imperial de España tiene un carácter político pero también religioso. En palabras de Perry,

---

[95] Belén Castro Morales, *op. cit.,* pág. 234.
[96] Belén Castro Morales, *op. cit.,* pág. 239.

the stories of the Nun-Lieutenant illustrated that the New World offered an arena in which to revitalize the warrior ethic of the Reconquest. This ethic had become a major part of the founding myth of the Spanish kingdom, which was said to have begun with the stubborn tenacity of Christian warriors determined to «take back» from the Muslims the lands of the Iberian Peninsula [...]. In a very real sense, the Nun-Lieutenant became a metaphor for the Spanish kingdom[97].

En otro orden de cosas, si hiere o mata en lances personales, queda protegida por la costumbre de la época, tan propia de las comedias del Siglo de Oro, de los retos a muerte por la defensa del honor personal, y si en algún caso su honradez o su integridad moral queda en entredicho, se acoge a la autoridad eclesiástica, confiesa sus culpas, descubre sus secretos, pone las cartas boca arriba, hace explícita su fe católica y revela sus costumbres cristianas, su asiduidad en la recepción de los sacramentos y su sinceridad de vida. De todo ello, la idea de la virginidad es quizá la pieza más valorada, el último comodín, que utiliza cuando ya no queda otro remedio, y que produce un efecto positivo fulminante. Así lo asegura Adrienne Martín: «Lo que aparece en el expediente como una breve apostilla, es de máxima importancia: su virginidad. Catalina astutamente deja constancia del sine qua non para la mujer de entonces: la castidad. Su condición de virgen la exime efectivamente de recibir la pena correspondiente a sus varias transgresiones»[98]. Es más, no sólo le salva en las situaciones límite, sino que es, además, causa de admiración y recompensa. La continua transgresión, el cruce de todas las fronteras posibles, se para precisamente ahí, en el himen, que es guardado intacto y es lo que, al final, juega absolutamente a su favor:

> Even more important, Erauso's virginity clothed her in admiration, for her society recognized only two legitimate states for females —virgin or wife— and exalted that of virgin above all others. In fact, the intact membrane came to signify such internal virtue that nothing else that Erauso had done in

[97] Mary Elizabeth Perry, «From Convent...», págs. 412-413.
[98] Adrienne L. Martín, *op. cit.*, pág. 36.

his life could detract from it. If she carried out performative acts to produce her own male identity, it was what she had *not* done that guaranteed social approval once she had revealed her female identity. Maintaining the purity of his corporeal boundaries by avoiding the rupture of this most important membrane, Erauso could present himself as free from pollution. Her special position, as that of other virginal women, came not from the power to pollute and disorder, but from the power to renounce sexuality. Whether in reality he had renounced sexuality or not, Erauso knew that to get approval for the life he had made for himself, he should emphasize his virginity[99].

Así, la ejemplaridad en la esfera militar y la salvaguarda de la pureza pesaron más que todas sus transgresiones. El Papa, además de concederle permiso para seguir vistiendo como un hombre y recomendarle afablemente que no ofendiera a las personas y que viviera rectamente el quinto mandamiento, llegó a comentar: «Dadme otra monja alférez y le concederé lo mismo»[100], saliendo al paso de algunas críticas que un eclesiástico había hecho a raíz de las concesiones papales para Erauso. Y en el penúltimo capítulo, la defensa a ultranza de lo español le asegura también los beneplácitos del poder temporal. El cardenal Magalón, a resultas de la decisión papal comenta a nuestra monja que no tiene más defecto que el ser española, a lo que ella responde: «A mí me parece, señor, debajo de la corrección de vuestra señoría ilustrísima, que no tengo otra cosa buena» (174).

Todo esto viene reforzado también por la cuestión de la clase social y el origen de la protagonista. Y en este punto quizá el planteamiento se aparte un tanto de la novela picaresca. En ésta, los personajes proceden casi siempre de las clases sociales más bajas, que luchan por medrar en una sociedad altamente impermeable. El caso de Catalina es diferente, pues su origen tiene que ver con los hidalgos quienes, sin pertenecer a los grados más altos de la aristocracia, sí conservan al menos, y de

[99] Mary Elizabeth Perry, «From Convent...», pág. 406.
[100] Luis de Castresana, *Catalina de Erauso. La Monja Alférez*, Barcelona, Ediciones Internacionales Universitarias, 1996, pág. 140.

modo especial en la sociedad vasca, un cierto rango social de prestigio, sobre todo por la solera y antigüedad del apellido. En el caso de Catalina, además, esa familia ha dedicado todos sus vástagos al servicio de la Corona, en el caso de los varones, y al servicio de la Iglesia, en el caso de las mujeres. Así se cumplía una vieja tradición hidalga. Su padre, el capitán Miguel de Erauso, era un hombre de cierta influencia y gran amigo de Juan de Idiáquez, secretario de Felipe II y Felipe III. Dos de sus hermanas, Isabel y María Juana, habían profesado en el mismo convento antes que ella, y todos los hermanos (Miguel, Martín, Francisco y Domingo) habían tomado las armas. Precisamente uno de ellos, Miguel, era capitán en América cuando murió accidentalmente a manos de su propia hermana. Cabe, entonces, pensar que el hecho de ser vasca también le favoreció, como queda detallado en algunos pasajes de la autobiografía, y se desprende del estatuto de privilegio del que siempre han gozado los vascos en comparación con el resto de los españoles.

Una pícara vasca en América

La rivalidad entre vascos y los demás españoles es algo que viene siendo común desde hace bastantes siglos. La situación actual no es más que el resultado de una historia de desavenencias que tienen su origen en diferencias culturales, lingüísticas, históricas y hasta legales. Los distintos fueros que han existido desde la Edad Media en diversas regiones de lo que hoy conocemos como territorio vasco han caracterizado a una región, que ha gozado de privilegios y ha marcado la evolución de la historia en el norte de la Península. Cabe destacar la autonomía y la situación de excepción que se produjo en el Señorío de Vizcaya desde su fundación, a fines del siglo XI, en esa zona que ocupaba un territorio bastante más amplio de lo que hoy es la provincia española del mismo nombre, cuya capital es Bilbao, fundada en 1300 por Diego López de Haro, y que desde un principio recibió el fuero de Logroño. Los vizcaínos llegaron a tener tal protagonismo en esa parte norte de la Península, que es común que a cualquier vasco se le llamara, por extensión, vizcaíno, algo que ocurre frecuentemente en la obra de Catalina de Erauso, pues hasta ella misma se autodenomina vizcaína. Cuando Vizcaya pasa a depender de Castilla, a partir de Juan I, es un corregidor local el que ejerce el poder *de iure,* en nombre de los reyes castellanos, y el monarca estaba obligado a jurar los fueros bajo el árbol de Guernica. Este sistema duró hasta el siglo XIX. El Fuero de Vizcaya fue puesto por escrito en 1452, aunque con tal nombre sólo aparece a partir de 1526, y abarcó una zona bastante más amplia que la del señorío. El Fuero proclamó Derecho supletorio al castellano. En cuanto a las posibilidades económicas de todas las provincias vascongadas, en virtud de la estructura foral, venían a ser una especie de zona de libre comercio. Sus habitantes estaban exentos de pago de derechos por cualquier mercancía que se introdujera, y sólo los abonaban al penetrar en Navarra, en Castilla, o al traspasar los límites interprovinciales.

Los gobernantes castellanos del siglo XVI y XVII eran conscientes de la conveniencia de integrar aquellas provincias, en especial las marítimas, Vizcaya y Guipúzcoa, en el espacio comercial castellano. El contrabando de mercancías y, sobre todo, la exportación ilegal de moneda se practicaban con grave daño para la economía de Castilla, sin que fuera posible un control aduanero eficaz. Esto favorecía mucho a esas provincias marítimas porque el comercio con América era cada vez mayor y se gozaba de una libertad asombrosa para realizar acciones comerciales de todo tipo, fuera del férreo control central. A esto hay que añadir la tradición aventurera y comercial de esas provincias, que se incrementó a partir del descubrimiento y colonización de América. Personajes como Elcano, Urdaneta o Legazpi dan buena cuenta de ello. Por supuesto, el caso de la Monja Alférez y su contacto con numerosos vascos en las páginas de su autobiografía es otro ejemplo claro de la intervención vasca en el Nuevo Mundo, aunque su relación con los vascos y su apoyo en ellos es anterior al viaje americano. Es de imaginar que, dado su origen donostiarra y de una familia hidalga, su conocimiento del castellano fuera limitado, y su lengua materna el euskera[101]. El convento donde vivió desde

---

[101] Cfr. Rima de Vallbona, *op. cit.,* pág. 8.

los cuatro años estaba dirigido y habitado por vascos, y el tiempo que pasa en España después de su huida transcurre principalmente en las provincias vascongadas. Finalmente, en la preparación del viaje a América y, por supuesto, en el tiempo que permanece allí, su relación con vascos fue determinante. Por ejemplo, en Andalucía encuentra al capitán Miguel de Echarreta, también donostiarra, y más tarde embarca como grumete desde Sanlúcar en un galeón del capitán Esteban Eguiño, tío suyo (cap. I), hacia el Nuevo Mundo, el Lunes Santo de 1603. Los primeros amos a los que sirve en América son el factor de las cajas de Panamá Juan de Ibarra, y el mercader de Trujillo Juan de Urquiza (cap. II), cuyos apellidos delatan el origen.

El primer episodio conflictivo en el que salva su integridad gracias a la ayuda de los vascos se da en el capítulo IV. Después de una pelea sangrienta es apresada en Trujillo, y de camino a la cárcel es auxiliada por Francisco Zerain y por el corregidor Ordoño de Aguirre. Éste le pregunta de dónde es, y al decir que vizcaína, la libra del presidio recomendándole en vascuence que se acoja a un lugar sagrado para eludir la justicia. Ya en ese tiempo había pugnas y banderías en Indias entre los vascos y los oriundos de otras regiones de España. En un bando se alineaban los vascongados, que frecuentemente se aliaban con portugueses y otros europeos, y en el otro bando militaban andaluces, castellanos, extremeños, criollos y mestizos. Esta animadversión a los vascos se había exacerbado en ciertos lugares de América, sobre todo en el Virreinato del Perú, por la situación favorable que habían conseguido gracias a su laboriosidad y su afán emprendedor. Este predominio vasco se notó especialmente en el comercio y las industrias extractoras, gracias a la tradición comercial del pueblo vasco y a las facilidades que les daban sus fueros para el comercio exterior, y se proyectaba en los puestos y oficios burocráticos y de gobierno que iban tomando paulatinamente. Todo esto suscitaba cierta envidia en el resto de los españoles que se encontraban en América, y a esto se unían los antiguos resquemores que traían de España. El sentido de antagonismo y rivalidad degeneraba en muchas ocasiones en peleas, odio y violencia. En Potosí, por ejemplo, las rivalidades fueron especialmente sangrientas. «Cada facción —comenta Lucas G. Castillo— adoptó un distintivo externo, los vascos un pañuelo blanco en la cabeza como una toquilla, y los otros un sombrero de lana de vicuña con cintas nacaradas. Ante esta situación los vizcaínos, por estar en minoría o por un sentido regional más estrecho y aferrado, se unían siempre entre sí y se prestaban ayuda y apoyo frente a los otros»[102].

En Potosí, la causa determinante era la proliferación económica del lugar, la fama que había ganado la comarca con la explotación y el comercio de metales preciosos. Los vizcaínos dominaban ese medio, y el resto de los peninsulares mostraban una hostilidad nítida, que se manifestaba a diario. A ese episodio, sobre todo a partir de la segunda década del XVII, se le llamó la guerra entre vicuñas y vascos. Con el transcurso del tiempo, estas rivalidades fueron a más, y eran frecuentes las venganzas personales y crímenes anónimos. Las autoridades se reconocieron impotentes para frenar la escalada de terror, que en ocasiones degeneraba en una auténtica guerra civil. Fue entonces necesario que el corregidor Ortiz de Sotomayor reclutara milicias en lugares cercanos y derrotara a los cabecillas de las revueltas en 1617. La primera vez que la Monja Alférez llegó al Potosí, gobernaba el Virrey don Juan de Mendoza y Luna, Marqués de Montesclaros, que mantuvo el puesto hasta 1615. Más tarde, Catalina volvió a tomar contacto con el lugar, siendo Virrey Francisco de Borja y Aragón, nieto de San Francisco de Borja. Catalina participó también en los tumultos de la época, en los encuentros desafortunados entre españolistas y vascos, y de ello queda constancia en el capítulo VIII, cuando describe el levantamiento de Alonso Ibáñez, siendo corregidor Rafael Ortiz. Y es precisamente después de ese episodio cuando afirma que consigue el grado de ayudante de sargento mayor.

Poco antes de eso, la lengua vasca y la solidaridad regional vuelven a jugar a su favor. En Chile, después de dar muerte a un alférez y al mismo auditor general, Francisco de Párraga, su hermano —que no la había reconocido— le recomienda en vascuence que procure salvar su vida, pues se halla en pe-

---

[102] Lucas G. Castillo Lara, *op. cit.,* págs. 88-89.

ligro, y se refugia en la iglesia de San Francisco (cap. VI). En el capítulo XII salva la vida nuevamente gracias a la intervención de otro vizcaíno, Martín de Mendiola, quien ordenó suspender la ejecución inminente de la Monja en la horca, alegando que el homicidio del que se la acusaba había sido cometido por otros, los cuales habían jurado en falso contra ella, y más tarde declararon la verdad.

En fin, la solidaridad de los vizcaínos también alargó sus días en esta vida tras el sangriento incidente que culminó con la muerte del nuevo Cid (cap. XVIII). Refugiada en un convento de franciscanos en contacto con vascos, fue curada de sus heridas durante cuatro meses. Una vez burlada la vigilancia, con la ayuda de unos cuantos vizcaínos fue provista de dinero (1.000 pesos), tres mulas, armas y tres esclavos, y acompañada por dos vizcaínos «de satisfacción» (154), parte finalmente para Guamanga.

Tan segura estaba de su condición privilegiada, que invoca su pertenencia al estatuto de vizcaína para librarse de un tormento. En el capítulo X, tras ser acusada como sospechosa de un delito y llevada a la cárcel, es interrogada más tarde para motivar la confesión de la culpa. Como se niega a hablar, el procurador manda que la desnuden y la pongan en el potro, y así obligarla a hablar. Ella alega entonces ser vizcaína «y no haber lugar por tanto a darme tormento por razón de privilegio» (131).

Ahora bien, en Catalina no existe una confrontación de sentimientos nacionales, sino que lo vasco y lo español funcionan de un modo paralelo y armónico. La patria chica aflora cada vez que se encuentra con otros vizcaínos, porque ello le da ciertas ventajas y le permite usar su lengua materna, pero lo español también es causa de sus desvelos y preocupaciones. Hemos visto cómo defiende su condición frente a los cardenales italianos, y también cómo declara haber servido con orgullo a la causa imperialista. Por último, poco antes de su entrevista con el Papa, defiende la causa española frente a un italiano que le afrenta diciendo que todo español es una «merda». Por supuesto, el italiano cayó fulminado por una estocada (cap. XXV). Líneas más adelante, el Santo Padre le instará a respetar el mandamiento *non occides*.

En definitiva, puede afirmarse que Catalina de Erauso, la Monja Alférez, fue una de las personalidades más atractivas de nuestro Siglo de Oro hispánico, y que sus aventuras por tierras americanas simbolizaron muchos de los aspectos que definieron la idea de España durante varios siglos: la unidad, el imperio, el catolicismo, el afán de aventura y el protagonismo de lo masculino, pero desde la continua transgresión y el cruce de las fronteras. Dadme otra monja alférez y llenaré de ambigüedad el mundo de los *géneros*.

Esta edición

Como ya se ha dicho en la introducción, hemos utilizado la edición de Ferrer como base para la presente, que es el modelo que todas las ediciones clásicas han seguido. Ahora bien, se han modernizado o corregido ciertos aspectos, para mejorar su lectura y comprensión, y teniendo en cuenta la edición del manuscrito de la Real Academia de la Historia, que editó hace unos años Rima de Vallbona. Así, se ha quitado la marca acentual de los monosílabos, se ha corregido la conjunción copulativa cuando va seguida de una palabra que comienza con «i» y, sobre todo, se ha homogeneizado la puntuación, bastante alterada por Ferrer con respecto al manuscrito de la Academia y/o, en su caso, al posible manuscrito anterior que pudiera haber sido el original. Ferrer abusa de los dos puntos, en situaciones donde la gramática exige coma, punto y coma o punto. En muchas ocasiones hemos seguido el criterio de Rima de Vallbona en su edición, pero otras veces hemos optado por adaptarlo un poco más al estilo actual. También se ha hecho un estudio de las variantes entre las dos versiones, la de Ferrer y la de Vallbona, concretada en las notas a pie de página. Con cierta frecuencia, se han transcrito íntegras las observaciones que tanto Ferrer como Vallbona hacen en sus anotaciones al pie; en esos casos, nuestra nota comienza con el nombre del editor que propuso el comentario, seguido de dos puntos, comillas y el contenido textual de dicha nota, sin indicar la página donde se sitúa esa nota, ya que se ha colocado en el lugar exacto en que aparece en la edición correspondiente.

En cuanto a los diálogos, no muy frecuentes en la autobiografía, se ha intentado respetar al máximo el criterio de Ferrer y del manuscrito de la Academia. Sin embargo, siempre se ha preferido presentarlo entre guiones para facilitar su lectura. Cuando el diálogo es largo, se ha separado cada intervención en línea aparte, y se ha indicado en una nota al pie. Para los nombres propios nos ha parecido conveniente seguir la versión de Ferrer señalando en notas la solución de Vallbona u otros editores y razonando nuestra elección cuando pudieran surgir dudas.

En general, se han respetado elementos del estado de la lengua propios del tiempo en que se editó, como la abundancia de pronombres enclíticos, el polisíndeton, formas arcaicas como «vide», etc. Se han añadido también, al final, las tres relaciones conocidas sobre la vida de la Monja Alférez, las dos españolas de 1625 y la mexicana de 1653. Se ha utilizado la versión mexicana de las tres relaciones, ya que se desconoce el paradero de la versión original de las dos primeras.

Especialmente debemos agradecer las indicaciones de Belén Castro y Gema Areta y la ayuda personal para conseguir la bibliografía más sobresaliente, entre la que se encuentra la suya propia. También nuestro agradecimiento a Egberto Almenas, de la Universidad de Michigan, por su inestimable colaboración en la recopilación de ciertos materiales difíciles de encontrar en España. A Araceli Chaichío, sus consejos casi diarios acerca de determinados aspectos de la literatura colonial en Hispanoamérica, sobre todo en su relación con la realidad social y laboral de las mujeres americanas del Siglo de Oro, y su apoyo incondicional desde México ante cualquier problema que fuera surgiendo. A Vicente Sabido, una vez más, en la lucha cotidiana contra los imprevistos informáticos.

Bibliografía

Ediciones más sobresalientes de la obra

ERAUSO, Catalina de, *Historia de la Monja Alférez, doña Catalina de Erauso, escrita por ella misma,* e ilustrada con notas y documentos, por don Joaquín María de Ferrer, París, Imprenta de Julio Didot, 1829. Es la edición princeps.
— *Histoire de la Monja Alférez, doña Catalina de Erauso, écrite par elle-même,* et enrichie de notes et documents, Paris Bossange Pére Libraire (trad.), 1830, ed. de Joaquín María Ferrer.
— *Die Nonne-Fahurich, oder Geschichte der doña Catalina de Erauso von ihr selbst geschrieben,* Aachen und Leipzig Verloog, von J. M. Mayer, 1830, traducción de Obersyen v. Schepeler.
— *Historia de la Monja Alférez doña Catalina de Erauso, escrita por ella misma* (ilustrada con notas y documentos por Joaquín María Ferrer), Barcelona, Imprenta de José Tauló, 1838.
— *La Nonne Alférez,* París, Alphonse Lemerre Editeur, 1894, traducción y prefacio de José María Heredia.
— *La Monja Alférez,* Santiago de Chile, G. E. Miranda, 1906, por José María de Heredia, traducido del francés por G. E. Miranda.
— *Catalina de Erauso, The Nun Ensign,* Londres, T. F. Unwin, 1908, traducción, introducción y notas de James Fitzmaurice-Kelly.
— *Historia de la Monja Alférez (doña Catalina de Erauso) escrita por ella misma* e ilustrada con notas y documentos por Joaquín María Ferrer, Madrid, Tipografía Renovación, 1918, prólogo de J. M. Heredia.
— *Historia de la Monja Alférez,* Madrid, Editorial «El Sol», 1919.
— *Historia de la Monja Alférez,* San Sebastián, Colección Zabalkundea, 1934.

— *Historia de la Monja Alférez doña Catalina de Erauso escrita por ella misma*, con la *Última y tercera relación en que se hace historia de los últimos años y muerte de este personaje*, Pamplona, Editorial Gómez, 1959, prólogo y edición de José Berruezo.
— *Memorias de la Monja Alférez*, Madrid, Ediciones Felmar, 1974.
— *Historia de la Monja Alférez escrita por ella misma*, Madrid, Hiperión, 1986 (2.ª ed. 2000), presentación y epílogo de Jesús Munárriz.
— *Vida i sucesos de la Monja Alférez. Autobiografía atribuida a doña Catalina de Erauso*, Tempe, Arizona State University Press, 1992, edición crítica, introducción y notas de Rima de Vallbona.
— *La Monja Alférez doña Catalina de Erauso. Dos manuscritos autobiográficos inéditos*, Sevilla, Ediciones del Cabildo Metropolitano de la Catedral de Sevilla, 1995, edición de Pedro Rubio Merino.

RECREACIONES DEL TEMA

ANÓNIMO, *La increíble aventura de la Monja Alférez*, Bogotá, Librería Sudamericana, s.f.
CASTILLO LARA, Lucas G., *La asombrosa historia de doña Catalina de Erauso, La Monja Alférez, y sus prodigiosas aventuras en Indias (1602-1624)*, Caracas, Planeta Andina, 1992.
CASTRESANA, Luis de, *Catalina de Erauso. La Monja Alférez*, Madrid, Afrodisio Aguado, 1968. Reeditado en Barcelona, Ediciones Internacionales Universitarias, 1996.
CASTRO, Cristóbal de, «La Monja Alférez (doña Catalina de Erauso). La aventura», *Mujeres del imperio*, Madrid, Espasa-Calpe, 1941, págs. 157-218.
COELLO, Carlos, *La Monja Alférez*, zarzuela histórica en tres actos y en verso con música del maestro Marqués, Madrid, Imprenta Fortanet, 1875.
DE QUINCEY, Thomas, *La Monja Alférez*, Barcelona, Barral Ediciones, 1972, traducción y presentación de Luis Loayza.
GAILLARD, Robert, *Catalina* (novela), París, Editions Fleuve, 1966.
JARPA GANA DE LASO, Sara, *La Monja Alférez*, Santiago de Chile, Editorial del Pacífico, 1960.
La Monja Alférez, película, México, CLASA Films, 1944, dirigida por Emilio Gómez Muriel y protagonizada por María Félix; en la adaptación del guión participó Max Aub.

La Monja Alférez, película, Madrid, Goya Films, 1986, guión de Javier Aguirre y Alberto Insúa, dirigida por Javier Aguirre.

LEÓN, Nicolás, *Aventuras de la Monja Alférez,* México, Complejo Editorial Mexicano, 1973.

MIRAS, Domingo, *La Monja Alférez,* comedia, Murcia, Universidad, 1992, ed. de Virtudes Serrano.

MORALES ÁLVAREZ, Raúl, *La Monja Alférez (crónica de una vida que tuvo perfil de romance),* Santiago de Chile, Excelsior, 1938.

PÉREZ DE MONTALVÁN, Juan, *La Monja Alférez, comedia de don Juan Pérez de Montalbán,* Madrid, 1626?

RADA Y DELGADO, Juan de Dios de la, «Doña Catalina de Erauso», en *Mujeres célebres de España y Portugal,* Buenos Aires-México, Espasa-Calpe, 1942, págs. 133-143.

RODRÍGUEZ, Luis Ángel, *La Monja Alférez (novela histórico-americana): su vida y sus hazañas,* México, Ediciones Nucamondi, 1937.

SOBRE LA MONJA ALFÉREZ Y TEMAS RELACIONADOS

ARETA MARIGÓ, Gema, «Rutas de la identidad: la Monja Alférez doña Catalina de Erauso», *As Rotas Oceânicas (Sécs. XV-XVII),* Lisboa, Ediçoes Colibri, 1999, págs. 109-118.

— «El barroco y sus máscaras: *Vida y sucesos de la Monja Alférez»,* *Anuario de Estudios Americanos,* LVI, 1 (1999), págs. 241-252.

BARRAS DE ARAGÓN, Francisco de las, *Mujeres viajeras,* Madrid, Real Sociedad Geográfica, 1951.

BARROS DE ARANA, Diego, «La Monja Alférez. Algunas observaciones críticas sobre su historia. Noticias desconocidas acerca de su muerte», *Revista de Santiago,* 1 (1872), págs. 225-234.

BARTRA, Roger, *El salvaje en el espejo,* Barcelona, Destino, 1996.

BRAVO-VILLASANTE, Carmen, *La mujer vestida de hombre en el teatro español,* Madrid, Revista de Occidente, 1955.

BROWN, Judith C., *Immodest Acts: The Life of a Lesbian Nun in Renaissance Italy,* Nueva York y Oxford, Oxford UP., 1986.

BULLOUGH, Vern y BULLOUGH, Bonnie, *Cross-Dressing, Sex, and Gender,* Philadelphia, Univ. of Pennsylvania Press, 1993.

CARVAJAL, Fray Gaspar de, *Relación de nuevo descubrimiento del famoso grande río de las Amazonas,* México, FCE, 1955.

CASTRO MORALES, Belén, «Catalina de Erauso, la monja amazona», *Revista de Crítica Literaria Latinoamericana,* XXVI, 52 (2000), págs. 227-242.

CHANG-RODRÍGUEZ, Raquel, *Violencia y subversión en la prosa colonial hispanoamericana, siglos XVI y XVII,* Madrid, Porrúa Turanzas, 1982.

D'AUVERGNE, Edmund B., «The Nun Ensign (Catalina de Erauso)», en *Adventuresses and Adventurous Ladies,* Londres, Hutchinson and Co., s.f., págs. 15-44.

DEKKER, Rudolf M. y VAN DE POL, Lotte C., *The Tradition of Female Transvestism in Early Modern Europe,* Basingstoke, Hampshire, Macmillan Press, 1989.

DIXON, Victor F., «The Life and Works of Juan Pérez de Montalbán», *Hispanic Review,* 32 (1964), págs. 36-50.

GARBER, Marjorie, *Vested Interests: Cross-Dressing and Cultural Anxiety,* Nueva York, Routledge, 1992.

GOSSY, Mary, *The Untold Story: Women and theory in Golden Age Texts,* Ann Arbor, Univ. of Michigan Press, 1989.

HEILBRUN, Carolyn G., *Writing a Woman's Life,* Nueva York, Ballantine, 1988.

HENDERSON, James, «The Nun Ensign», en *Ten Notable Women of Latin America,* Chicago, Nelson Hall, 1978, págs. 49-72.

JUÁREZ, Encarnación, «Señora Catalina, ¿dónde es el camino? La autobiografía como búsqueda y afirmación de identidad en *Vida i sucesos de la Monja Alférez*», *La Chispa Selected Proceedings,* Ed. Claire J. Paolini, New Orleans, Tulane UP., 1995, págs. 185-195.

— «La mujer militar en la América Colonial: el caso de la Monja Alférez», *Indiana Journal of Hispanic Literatures,* 10-11 (1997), págs. 147-161.

— «Autobiografías de mujeres en la Edad Media y el Siglo de Oro y el canon literario», *Monographic Review-Revista Monográfica,* XIII (1997), págs. 154-168.

KROSS, Dorothy M., *Catalina de Erauso, su personalidad histórica y legendaria,* Austin, University of Texas, 1931.

LEÓN, Nicolás, «La Monja Alférez Catalina de Erauso. ¿Cuál será su verdadero sexo?», *Anales del Museo Nacional de Arqueología, Historia y Etnografía,* 2 (1923), págs. 71-110.

LEVISI, Margarita, *Autobiografías del Siglo de Oro,* Madrid, SGEL, 1984.

MARTIN, Adrienne L., «Desnudo de una travestí, o la "Autobiografía" de Catalina de Erauso», en Juan Villegas (ed.), *Actas Irvine-92, Asociación Internacional de Hispanistas II, La mujer y su representación en las literaturas Hispánicas,* Univ. of California Press, 1994, págs. 34-41.

MCKENDRICK, Melveena, *Women and Society in the Spanish Drama of the Golden Age: A Study of the Mujer Varonil,* Londres, Cambridge UP., 1974.

MENDIBURU, Manuel de, «Doña Catalina Erauso, o la monja alférez», *Diccionario histórico biográfico del Perú,* Lima, Enrique Palacios, 1932, págs. 397-408.

MERRIM, Stephanie, «Catalina de Erauso: From Anomaly to Icon», en Cevallos-Candao, Jeffrey A. Cole, Nina M. Scott, Nicomedes Suárez-Araúz (eds.), *Coded Encounters: Writing, Gender, and Ethnicity in Colonial Latin America,* Amherst, Univ. of Massachussets Press, 1994, págs. 177-205.

MORALEJO ÁLVAREZ, M.ª Remedios, «El primer relato autobiográfico de la monja alférez. La declaración de Guamanga», *De Libros y Bibliotecas. Homenaje a Rocío Caracuel,* Sevilla, Universidad, 1994.

MORAÑA, Mabel (ed.), *Mujer y cultura en la Colonia hispanoamericana,* Pittsburgh, Biblioteca de América, IILI, 1996.

PARKER, Jack H., «*La Monja Alférez* de Juan Pérez de Montalván: comedia americana del siglo XVII», en MAGIS, Carlos H. (ed.), *Actas del Tercer Congreso Internacional de Hispanistas,* México, El Colegio de México, 1970, págs. 665-671.

PERERA Y PRATS, Arturo, *Episodios Españoles en América,* Madrid, Ed. Revista Geográfica Española, 1967.

PERRY, Mary Elizabeth, «*La monja alférez:* Myth, Gender, and the Manly Woman in a Spanish Renaissance Drama», *La Chispa '87, Selected Proceedings,* Gilbert Paolini (ed.), Tulane UP., 1987, páginas 239-249.

— *Gender and Disorder in Early Modern Seville,* Princeton, Princeton UP., 1990.

— «From Convent to Battlefield. Cross-Dressing and Gendering the Self in the New World of Imperial Spain», *Queer Iberia: Sexualities, Cultures, and Crossings from the Middle Ages to the Renaissance,* Duke UP, Josiah Blackmore and Gregory S. Hutcheson editors, 1999, págs. 394-419.

PUPO-WALKER, Enrique, *La vocación literaria del pensamiento histórico en América*, Madrid, Gredos, 1982.

RODRÍGUEZ, Osvaldo, «La agitada vida de la Monja Alférez, doña Catalina de Erauso, por tierras de España, el Nuevo Mundo e Italia», Universidad de Las Palmas de Gran Canaria (inédito).

SÁNCHEZ MOGUEL, Antonio, «El alférez doña Catalina de Erauso», *La Ilustración Española y Americana*, XXXVI (8 de junio de 1892), págs. 6-7.

SERRANO Y SANZ, Manuel, «Doña Catalina de Erauso, la Monja Alférez», en *Autobiografías y memorias*, Madrid, Bailly, Bailliere hijos, 1905, vol 2, págs. CLX-CLXII.

SHEPHERD, Simon, *Amazons and Warrior Women: Varieties of Feminism in Seventeenth-Century Drama*, Brighton, England, Harvester, 1981.

SMITH, Paul Julian, *Representing the Other: 'Race', Text, and Gender in Spanish and Spanish American Narrative*, Oxford, Clarendon Press, 1992.

TELLECHEA IDÍGORAS, J. Ignacio, *Doña Catalina de Erauso, La Monja Alférez, IV Centenario de su nacimiento*, San Sebastián, Sociedad Guipuzcoana de Ediciones y Publicaciones, 1992.

WHEELWRIGHT, Julie, *Amazons and Military Maids: Women Who Cross-Dressed in the Pursuit of Life, Liberty and Happiness*, Londres, Pandora Press, 1989.

Historia de la Monja Alférez, Doña Catalina de Erauso[1] escrita por ella misma

---

[1] Éste es el apellido que aparece en casi todas las ediciones de la obra y en todas las recreaciones e investigaciones que se han hecho sobre su vida. No obstante, Vallbona mantiene «Araujo», pues así aparece en el manuscrito que utiliza. En los textos en que aparece su nombre (documentos históricos, relaciones, pedimentos, cartas, etc.), se lee a veces «Herauso», otras «Erausso», y en alguna relación «Araujo». Ferrer apunta en su prólogo que «Erauso» es uno de los apellidos más nobles de San Sebastián, mientras que «Araujo» y «Arauso» no lo son. «Erauso» tiene un origen noble vasco navarro.

Capítulo Primero

*Su patria, padres, nacimiento, educación,
fuga y correrías por varias partes de España²*

Nací yo, doña Catalina de Erauso, en la villa de San Sebastián, de Guipúzcoa, en el año de 1585³, hija del capitán Don Miguel de Erauso y de doña María Pérez de Galarraga y Arce, naturales y vecinos de dicha villa⁴. Criáronme mis padres en

---

² En la edición de Ferrer los títulos suelen ser largos y abarcan todo lo que se cuenta en dicho capítulo, mientras que en Vallbona los títulos son muy reducidos y los capítulos están divididos en varias partes, cada una con un subtítulo.

³ Sabemos, por la partida de Bautismo, que nació en 1592, aunque los investigadores han barajado otras fechas, como ya se ha dicho en la introducción. Ferrer anota a este respecto en su edición de 1829: «Después de recibido (el documento del bautismo) notando una diferencia de siete años, que en el manuscrito se lleva adelante en todas las citaciones hasta el año de 1603, traté de salir de la sospecha que llegó a causarme, si estaría dicha partida equivocada haciéndola reconocer de nuevo en el libro 1.º de bautizados de la parroquia de San Vicente mártir de la ciudad de San Sebastián (...), es visto que no hay conformidad entre la relación de la Monja Alférez y este documento auténtico, que aparece sin enmienda ni testadura alguna que autorice la duda.» También añade Ferrer que constan los bautizos de sus hermanos Joaquín (1590), Isabel (1591), aunque no aparecen Miguel, María Juana y Jacinta, de cuya existencia tenemos pruebas indudables, y que debieron de ser bautizados en otro lugar. Sin embargo, nada dice acerca de Mariana, la única casada, que Vallbona sí recoge en sus anotaciones e incluye Berruezo en su edición.

⁴ Ferrer: «La ciudad actual de San Sebastián se tituló villa desde tiempo inmemorial, hasta que el año de 1660 pasó a ella el señor don Felipe IV con su hija doña María Teresa de Austria, con motivo de los desposorios que se iban a celebrar entre ella y Luis XIV de Francia después de la paz del Pirineo, y agra-

su casa con otros mis hermanos hasta tener cuatro años. En 1589[5], me entraron en el convento de San Sebastián el Antiguo de dicha villa[6], que es de monjas dominicas, con mi tía doña Úrsula de Unzá y Sarasti, prima hermana de mi madre, priora de aquel convento[7], donde me crié hasta tener quince años, y entonces se trató de mi profesión.

Estando en el año de noviciado, ya cerca del fin, se me ofreció[8] una reyerta con una monja profesa llamada doña Catalina de Aliri[9] que viuda entró y profesó, la cual era robusta, y yo muchacha; me maltrató de manos, y yo lo sentí. A la noche del 18 de marzo de 1600, víspera de San José, levantándose el convento a media noche a maitines, entré en el coro, y hallé allí arrodillada a mi tía, la cual me llamó, y dándome la llave de su celda, me mandó traerle el Breviario. Yo fui por él, abrí y tomélo, y vide allí en un clavo colgadas las llaves del

---

decido el monarca a los muchos obsequios que recibió del vecindario, de motu propio la honró con el título de ciudad. Sin embargo no fue hasta 7 de marzo de 1662 que expidió el diploma correspondiente.»

[5] Una vez aceptado el error en la fecha inicial, las siguientes fechas relativas a la estancia en el convento también serán falsas. En 1589 todavía no había nacido, y un poco más adelante, cuando propone 1600 como fecha de la huida del convento, también resulta contradictorio con la edad de quince años, en que realmente salió del convento. Existen datos fehacientes de que al menos estuvo allí hasta 1607, como lo atestigua el libro de caja del convento.

[6] Ferrer: «Este convento, que se halla unido a la parroquia de San Sebastián el Antiguo, como se dirá más delante, se llama así por ser tradición en aquel país, que allí fue el sitio donde estuvo la primera población de este nombre.»

[7] Ferrer: «En el manuscrito se llama a esta monja doña Úrsula de Sarauste, en cuyo apellido, así como en haber sido priora, hay precisamente equivocación. La única monja de este nombre que se encuentra en los libros y asientos de este convento, es doña Úrsula de Unzá y Sarasti, que profesó en el año de 1581, pero no consta que jamás hubiese sido priora. Lo que pudo suceder es, que en el tiempo que la cita doña Catalina estuviese tal vez siendo presidenta, por ausencia o enfermedad de la priora y superiora, a causa de alguna enfermedad que reinase, como sucedió en el año de 1603, en que por esta causa salieron fuera del convento muchas religiosas.» En Vallbona, «Doña Úrsola de Sarauste».

[8] «Me ocurrió.»

[9] Vallbona escribe «Doña Catarina Alizi». Y Ferrer anota: «En el manuscrito llama a esta monja doña Catalina Alizi, pero este es un error conocido del copista, no habiendo duda de que su apellido era Aliri, según resulta del libro de profesiones del convento. Profesó esta monja en el año de 1605, y falleció en 1657, habiendo sido priora quince años.»

convento, dejéme la celda abierta y volvíle a mi tía la llave y el Breviario. Estando ya las monjas en el coro y comenzados los maitines con solemnidad, a la primera lección llegué a mi tía y le pedí licencia porque estaba mala. Mi tía, tocándome con la mano en la cabeza, me dijo: —Anda, acuéstate—. Salí del coro, tomé una luz, fuime a la celda de mi tía; tomé allí unas tijeras y hilo, y una aguja; tomé unos reales de a ocho que allí estaban, tomé las llaves del convento y salí, y fui abriendo puertas y emparejándolas, y en la última, que fue la de la calle, dejé mi escapulario y me salí a la calle sin haberla visto ni saber por dónde echar ni adónde[10] ir. Tiré no sé por dónde, y fui a dar en un castañar que está fuera, y cerca a las espaldas del convento, y acogíme allí; y estuve tres días trazando y acomodándome y cortando de vestir. Corté e híceme de una basquiña[11] de paño azul con que me hallaba, unos calzones; de un faldellín verde de perpetuán que traía debajo, una ropilla y polainas: el hábito me lo dejé por allí, por no ver qué hacer de él. Cortéme el cabello y echélo por ahí, y partí la tercera noche y eché no sé por dónde, y fui calando caminos y pasando lugares por me alejar, y vine a dar a Vitoria, que dista de San Sebastián cerca de veinte leguas, a pie, y cansada, y sin haber comido más que yerbas que topaba por el camino[12].

Entré en Vitoria sin saber a dónde acogerme; a pocos días me hallé allí al doctor don Francisco de Cerralta[13], catedrático de allí, el cual me recibió fácilmente sin conocerme, y me vistió. Era casado con una prima hermana de mi madre, según luego entendí, pero no me di a conocer. Estuve con él cosa de tres meses, en los cuales él viéndome leer bien latín se me inclinó más, y me quiso dar estudio; y viéndome rehusarlo me porfió, y me instaba hasta ponerme las manos. Yo con esto determiné dejarle, e hícelo así. Cogíle unos cuartos, y

---

[10] En Ferrer: «a dónde me ir».

[11] Basquiña: término vasco que designa la prenda femenina que se utiliza sobre la ropa interior para llevar fuera de la casa.

[12] En Vallbona comienza aquí una sección dentro del capítulo, titulada: «1. Entra en Vitoria.»

[13] En Vallbona: «Francisco de Zeralta.»

concertándome con un arriero que partía para Valladolid en doce reales, partí con él, que dista cuarenta y cinco leguas[14].

Entrado[15] en Valladolid, donde estaba entonces la corte[16], me acomodé en breve por paje de don Juan de Idiáquez, secretario del rey[17], el cual me vistió luego bien, y llaméme allí Francisco Loyola, y estuve allí bien hallado siete meses. Al cabo de ellos, estando una noche a la puerta con otro paje compañero, llegó mi padre y preguntónos si estaba en casa el señor don Juan. Respondió mi compañero que sí. Dijo mi padre que le avisase que estaba allí; subió el paje, quedándome yo allí con mi padre sin hablarnos palabra ni él conocerme. Volvió el paje diciendo que subiese, y subió, yendo yo detrás de él. Salió don Juan a la escalera, y abrazándolo, dijo: —Señor capitán, ¡qué buena venida es ésta!— Mi padre habló de modo que él lo conoció que traía disgusto, entró y despidió una visita con que estaba, y volvió y asentáronse; preguntóle qué había de nuevo, y mi padre dijo cómo se le había ido del convento aquella muchacha, y eso le traía por los contornos en su búsqueda. Don Juan mostró sentirlo mucho por el dis-

---

[14] Comienza en Vallbona una nueva sección tras este punto y aparte, titulada «2. Entra en Valladolid.»

[15] A partir de aquí, la versión de Ferrer utiliza el masculino para la autodenominación de la Monja, pero la versión de Vallbona continúa durante unas páginas utilizando el femenino.

[16] Vallbona: «A partir de 1561 Felipe II (1527-1598) trasladó a la villa de Madrid la corte de Toledo. Felipe III (1598-1621) quiso volver a establecer la corte en Valladolid, pero los inconvenientes de tal medida hicieron que sólo por el período de seis años (1601-1606) permaneciera allí. En 1606 la corte se quedó definitivamente en Madrid. Este indicio histórico nos deja ver que probablemente Catalina de Erauso haya entrado en Valladolid a principios de 1601. Aquí conviene considerar lo siguiente: si ella hubiera nacido en 1592, tendría entonces entre nueve y trece años y no los quince que ella afirma en el texto manuscrito; este aserto concuerda, en líneas generales, con la opinión de Ferrer.»

[17] Ferrer: «Don Juan de Idiáquez hijo de don Alonso, de quien se hablará en otra parte, era natural de esta ciudad, y fue secretario de estado de los reyes Felipe II y III, comendador de León, presidente del consejo de órdenes, y embajador cerca de las repúblicas de Génova y Venecia, varón de mucha providad y arregladas costumbres. Murió en Segovia el 12 de octubre de 1614, y su cuerpo fue trasladado al convento de San Telmo de San Sebastián, donde descansa en una urna de mármol al lado de la capilla mayor enfrente de la de su padre don Alonso.»

gusto de mi padre, y porque a mí me quería mucho, y por la parte de aquel convento, de donde era él patrono por fundación de sus pasados[18], y por parte de aquel lugar de donde era él natural. Yo, que oí la conversación y sentimientos de mi padre, salíme atrás y fuime a mi aposento, cogí mi ropa y salíme, llevándome cosa de ocho doblones con que me hallaba, y fuime a un mesón donde dormí aquella noche, y donde entendí a un arriero, que partía por la mañana a Bilbao; y ajustándome con él partimos a la mañana, sin saberme yo qué hacer ni adónde ir, sino dejarme llevar del viento como una pluma[19].

Pasado un largo camino, me parece como de cuarenta leguas, entré en Bilbao, donde no encontré albergue ni comodidad, ni sabía qué hacerme. Diéronme allí entre tanto unos muchachos en reparar, y cercarme hasta verme fastidiado, y hube de hallar unas piedras y tirarlas, y hube a uno de lastimar, no sé dónde porque no lo vide; y prendiéronme, y tuviéronme en la cárcel un largo mes hasta que él hubo de sanar y soltáronme, quedándoseme por allá unos cuartos, sin mi gasto preciso. De allí luego salí, y me pasé a Estella de Navarra, que distará veinte leguas a lo que me parece[20]. Entré en Estella, donde me acomodé por paje de don Carlos de Arellano, del hábito de Santiago, en cuya casa y servicio estuve dos años bien tratado y bien vestido[21]. Pasado ese tiempo, sin más causa que mi gusto, dejé aquella comodidad y me pasé a San Sebastián, mi patria, diez leguas distante de allí, y allí me estuve sin ser de nadie conocido, bien vestido y galán. Y un día oí misa en mi convento, la cual oyó también mi madre, y vide que me miraba y no me conoció, y acabada la misa unas monjas me llamaron al coro, y yo, no dándome por entendido, les hice muchas cortesías y me fui. Era esto entrado ya el

---

[18] Ferrer: «Este convento de monjas dominicas, que está unido a la parroquia de San Sebastián el Antiguo, lo fundaron en el año de 1546 don Alonso de Idiáquez, del consejo de estado y secretario del emperador Carlos V, comendador de Estremera del orden de Santiago, y su mujer doña Engracia de Olazábal. Ambos yacen sepultados en un lado del altar mayor.»

[19] Nueva sección en Vallbona: «3. Entra en Bilbao.»

[20] Nueva sección en Vallbona: «4. Entra en Estella.»

[21] Nueva sección en Vallbona: «5. Entra en San Sebastián.»

año de 1603[22]. Paséme de allí al puerto de Pasage, que dista de allí una legua, halléme allí el capitán Miguel de Berroiz de partida con un navío suyo para Sevilla. Pedíle que me llevase, y ajustéme con él en cuarenta reales, y embarquéme y partimos, y bien en breve llegamos a Sanlúcar[23].

Desembarcado[24] en Sanlúcar, partí a ver a Sevilla, y aunque me convidaba a detenerme, estuve allí solos dos días, y luego me volví a Sanlúcar. Hallé allí al capitán Miguel de Echazarreta[25], natural de mi tierra, que lo era de un patache de galeones de que era general don Luis Fernández de Córdova, y de la armada don Luis Fajardo[26], año de 1603, que partía para la punta de Araya. Senté plaza de grumete en un galeón del capitán Estevan Eguiño[27], tío mío, primo hermano de mi madre, que vive hoy en San Sebastián, y embarquéme, y partimos de Sanlúcar, lunes santo[28], año de 1603.

---

[22] Vallbona mantiene el error del manuscrito, que propone 1602, mientras que Ferrer corrige: «El manuscrito dice 1602, pero debe ser 1603, puesto que según la relación de la Monja Alférez, van corridos tres años desde que salió del convento.» La expedición a Araya se realizó, no obstante, en 1605. Nueva sección en Vallbona: «6. Entra en el Pasage.»

[23] En esta primera mención de Sanlúcar, tanto Ferrer como Vallbona escriben «San Lúcar». A partir de la línea siguiente, Ferrer mantiene «San Lúcar» mientras que Vallbona prefiere «Sanlúcar».

[24] Nueva sección en este párrafo: «7. Desembarca en Sanlúcar, va a Sevilla, buelve a Sanlúcar i embárcase.»

[25] Vallbona escribe «Chasarreta», Munárriz «Echarreta» en su edición de Hiperión sobre la base de Ferrer, y Ferrer «Echazarreta». Existe un documento oficial de 1630 que asegura su existencia y su ligazón con Catalina en esa época. Fue caballero de la orden de Santiago y General de los galeones de Indias. Los documentos corroboran que su apellido es «Echazarreta».

[26] Ferrer: «Don Luis Fajardo, uno de los más célebres capitanes de su tiempo, hizo en el año de 1605, una expedición a las Salinas de Araya, y quemó diez y nueve navíos holandeses que robaban la sal, y tenían en consternación todo aquel país, y pasó a cuchillo toda su guarnición.»

[27] Martínez Isasti asegura que el apellido es «Eguino», de una familia noble de Guipúzcoa. En Vallbona: «Ciguino», y en Berruezo aparece como «Esteban de Iguinio».

[28] En Vallbona, mayúscula.

Capítulo II

*Parte de Sanlúcar para Punta de Araya, Cartagena,
Nombre de Dios y Panamá*[29]

Pasé algunos trabajos en el camino por ser nuevo[30] en el oficio. Inclinóseme mi tío sin conocerme y hacíame agasajos, oído de dónde era y los nombres supuestos de mis padres que yo di, y no conoció, y tuve en él gran arrimo. Llegamos a la Punta de Araya, y hallamos allí una armadilla enemiga fortificada en tierra, y nuestra armada la echó de allí[31]. Llegamos[32] finalmente a Cartagena de las Indias, y estuvimos allí ocho días. Híceme allí borrar la plaza de grumete, y pasé a servir al dicho capitán Eguiño, mi tío. De allí pasamos a Nombre de Dios, y estuvimos allí nueve días, muriéndosenos en ellos mucha gente, lo cual hizo dar mucha prisa a partir.

Estando ya embarcada la plata[33] y aprestado todo para partir la vuelta a España, yo le hice un tiro cuantioso a mi tío co-

---

[29] En Vallbona, el título del capítulo es «Parte de San Lúcar, año 1602».

[30] También Vallbona utiliza en esta ocasión el masculino, aunque volverá más adelante al femenino.

[31] Ferrer: «Araya. Punta de tierra en la costa de la Nueva Andalucía, gobierno de Cumaná. En el tiempo que se hizo esta expedición existían allí unas famosas salinas, para cuyo resguardo y defensa se construyó un castillo que después se mandó destruir por haberse cubierto de agua las referidas salinas.»

[32] Nueva sección desde esta palabra en Vallbona: «1. Llega a Cartagena i a Nombre de Dios, pasa a Panamá.»

[33] En la ciudad de Nombre de Dios, edificada en 1510, cercana a Durango (México), existen minas de cobre argentífero.

giéndole quinientos pesos. A las diez de la noche, cuando él estaba durmiendo, salí y dije a los guardas que me enviaba el capitán a un negocio a tierra. Dejáronme llanamente pasar como me conocían. Salté en tierra, y nunca me vieron más. De allí a una hora dispararon pieza de leva, y zarparon hechos a la vela.

Allí, levada ya la armada, me acomodé con el capitán Juan de Ibarra, factor de las cajas reales de Panamá, que hoy vive. De allí a cuatro o seis días nos partimos para Panamá donde él vivía. Allí estuve con él cosa de tres meses. Hacíame poca comodidad, que era escaso, y hube allí de gastar cuanto de mi tío había traído, hasta no quedarme ni un cuarto, con lo cual me hube de despedir para buscar por otra parte mi remedio. Haciendo mi diligencia descubrí allí a Juan de Urquiza, mercader de Trujillo, y acomodéme con él, y con él me fue muy bien, y estuvimos allí en Panamá tres meses.

Capítulo III

*De Panamá pasa con su amo Urquiza, mercader de Trujillo,
al puerto de Paita, y de allí a la villa de Saña*

De Panamá partí con mi amo Juan de Urquiza, en una fragata, para el puerto de Paita, donde él tenía una gran cargazón[34]. Llegando al puerto de Manta, nos cargó un tiempo tan fuerte que dimos al través, y los que supimos nadar, como yo, mi amo y otros, salimos a tierra, y los demás perecieron[35]. En el dicho puerto de Manta nos volvimos a embarcar en un galeón del rey que allí hallamos y costó dinero, y en él partimos de allí, y llegamos al puerto de Paita, y allí halló mi amo toda su hacienda como esperaba, cargada en una nao del capitán Alonso Cerrato, y dándome a mí orden de que toda por sus números la fuese descargando, y toda por sus números se la fuese allá remitiendo, partió. Yo puse luego por obra lo que

[34] Ferrer: «La pequeña ciudad y puerto de Paita, situado hacia los 5 grados Sur en la costa del Perú, es el más frecuentado por los buques costeros del tráfico. Dista de Lima por tierra como unas doscientas leguas. Es país en que nunca llueve, lo propio que en Lima y sus costas inmediatas: pero habiendo sucedido el fenómeno raro de faltar a esta regla el año de 1728, no estando sus edificios preparados para defenderse de las aguas del cielo, se arruinó la mayor parte de la ciudad.»
[35] Ferrer: «Éste es un puerto del mar del Sur situado hacia un grado de latitud, que toma este nombre por la abundancia que hay de *mantas,* pez fiero que tiene la figura de una manta redonda de tres a cuatro varas de largo, dos de ancho y una cuarta de alto, tan enemigo del hombre, que al instante que éste cae al agua le cubre y ciñe de tal manera que le mata, sin dejarle valer de sus pies ni de sus manos para salvarse.»

me mandó: fui descargando la hacienda por sus números; fuila por ellos remitiendo. Mi amo en Saña por ellos fue recibiendo, la cual villa de Saña dista de Paita unas sesenta leguas, y a lo último con las últimas cargas, yo partí de Paita y llegué a Saña[36]. Llegado, me recibió mi amo con gran cariño, mostrándome contento de lo bien que lo había hecho: hízome luego al punto dos vestidos muy buenos, uno negro y otro de color, con todo buen trato. Púsome en una tienda suya entregándome por géneros y por cuenta mucha hacienda, que importó más de ciento treinta mil pesos, poniéndome por escrito en un libro los precios a cómo había de vender cada cosa. Dejóme dos esclavos que me sirviesen, y una negra que me guisase; y tres pesos señalados para el gasto de cada día; y hecho esto, cargó él con la demás hacienda, y se fue con ella de allí a la ciudad de Trujillo, de allí distante treinta y dos leguas[37].

Dejóme también escrito en el dicho libro, y advertido de las personas a quienes podía fiar la hacienda que pidiesen y quisiesen llevar, por ser de su satisfacción y seguras, pero con cuenta y razón, y asentado[38] cada partida en el libro. Y especialmente me advirtió esto para en cuanto a mi señora doña Beatriz de Cárdenas, persona de toda su satisfacción y obligación, y fuese a Trujillo. Yo me quedé en Saña con mi tienda: fui vendiendo conforme a la pauta que me quedó; fui cobrando y asentando en mi libro, con día, mes y año, género, varas, nombres de compradores y precios, y de la misma suerte lo fiado. Comenzó mi señora doña Beatriz de Cárdenas a sacar ropa; prosiguió y fue sacando tan largamente, que yo llegué a dudar, y sin dárselo a ella a entender, se lo escribí todo por extenso al amo a Trujillo. Respondióme que estaba muy bien todo, y que en este particular de esta señora, si toda la tienda entera me la pidiese, se la podía entregar; con lo cual, y guardando yo esta carta proseguí.

---

[36] El manuscrito de Vallbona escribe «Sana». Ferrer comenta: «Saña. Villa del Perú situada a la orilla de la costa hacia los 7 grados de latitud Sur, en un territorio fértil y ameno. El pirata Eduardo David la saqueó en el año de 1685, y desde entonces pasó a establecerse la mayor parte del vecindario al pueblo de Lambayeque. La provincia de Saña es abundante de ganado, granos, frutas y tabaco, del cual se surten el Perú y Chile.»

[37] En Vallbona «32», con números arábigos.

[38] Tanto en Munárriz como en Vallbona se lee «asentando».

¡Quién me dijera que esta serenidad me durase tan[39] poco, y que presto de ella había de pasar a grandes trabajos! Estábame un día de fiesta en la comedia en mi asiento que había tomado, y sin más atención, un fulano Reyes vino y me puso otro tan delante y tan arrimado que me impedía la vista. Pedíle que lo apartase un poco, respondió desabridamente, y yo a él, y díjome que me fuese de allí, que me cortaría la cara. Yo me hallé sin armas, más que una daga, salíme de allá con sentimiento. Entendido[40] por unos amigos, me siguieron y sosegaron. El lunes por la mañana siguiente, estando yo en mi tienda vendiendo, pasó por la puerta el Reyes y volvió a pasar. Yo reparé en ello, cerré mi tienda, tomé un cuchillo, fuime a un barbero e[41] hícelo amolar y picar el filo, como sierra; púseme mi espada, que fue la primera que ceñí, vide a Reyes delante de la iglesia paseando con otro, fuime a él por detrás, y díjele: —¡Ah, señor Reyes!—. Volvió él y dijo: —¿Qué quiere?—. Dije yo: —Ésta es la cara que se corta— y, dile con el cuchillo un refilón de que le dieron diez puntos[42]. Él acudió con las manos a su herida; su amigo sacó la espada y vínose a mí, y yo a él con la mía. Tirámonos los dos, y yo le entré una punta por el lado izquierdo, que lo pasó y cayó. Yo al punto me entré en la iglesia que estaba allí. Al punto entró el corregidor don Mendo de Quiñones, del hábito de Alcántara, y me sacó arrastrando, y me llevó a la cárcel, la primera que tuve[43], y me echó grillos, y metió en un cepo.

---

[39] En Vallbona se omite este «tan».

[40] Atendido.

[41] Con frecuencia escribe «y» en lugar de «e» para la conjunción copulativa cuando ésta aparece delante de una palabra que comienza con «i». Nosotros hemos corregido reiteradamente este uso.

[42] Ferrer: «Esta clase de heridas que los jaques y rufianes llaman cortar o rayar la cara y los marineros pintar un jabeque, se tienen entre ellos por afrentosas. Lo propio sucede en algunas otras naciones de Europa, donde en vez de cuchillo de sierra, como el que usó en este caso la Monja Alférez, se sirve la gente baja de una moneda de cobre afilada.»

[43] Ferrer: «En este país, porque en Bilbao había estado antes presa un largo mes, según refiere en el capítulo primero.» En Vallbona, «la primera que tuve» va entre paréntesis, y la editora comenta: «Es interesante la nota picaresca puesta en relieve con el paréntesis porque abre al lector un suspenso lleno de anticipaciones de otras cárceles.»

Yo avisé a mi amo, Juan de Urquiza, que estaba en Trujillo, treinta y dos leguas de Saña. Vino al punto, habló al corregidor e hizo otras buenas diligencias, con que alcanzó el alivio de las prisiones. Fue siguiendo la causa[44]: fui restituido a la iglesia, de donde fui sacado después de tres meses de pleito y procedimiento del señor obispo[45]. Estando esto en este estado, dijo mi amo, que duscurría que para salir del conflicto y no perder la tierra y salir del sobresalto de que me matasen, había pensado una cosa conveniente, que era que me casase yo con doña Beatriz de Cárdenas, con cuya sobrina era casado aquel fulano Reyes a quien corté la cara, y que con esto se sosegaría todo. Es de saber que esta doña Beatriz de Cárdenas era dama de mi amo, y él miraba a tenernos seguros, a mí para servicio y a ella para gusto. Y parece que eso tratado entre los dos lo acordaron[46], porque después que fui a la iglesia restituido, salía de noche, iba a la casa de aquella señora, y ella me acariciaba mucho, y con son de temor de la justicia me pedía que no volviese a la iglesia de noche, y me quedase allá; y una noche me encerró y se declaró en que a pesar del diancho[47] había de dormir con ella, y me apretó en esto tanto, que hube de alargar la mano y salirme; y dije luego a mi amo, que de tal

---

[44] Vallbona omite «la causa».

[45] Ferrer: «Sin duda reclamaría la inmunidad eclesiástica por medio del obispo. Más adelante la veremos valerse de ella en otros lances apretados. Esta inmunidad, que en aquellos tiempos era ilimitada en España y América, ha sido reducida a más justos límites desde el memorable reinado de nuestro buen monarca Carlos III, de este verdadero padre de la patria que tantos bienes hizo a la nación española.»

[46] Se produce aquí una situación frecuente en las novelas picarescas. Mientras el narrador cuenta con la mayor *inocencia* una proposición por parte de su amo como si se tratara de cualquier negocio honesto, se nos relata un suceso que puede generar la ascensión social y económica del pícaro, si éste accede a la propuesta deshonrosa y corrupta. El amo propone un triángulo amoroso sin ningún escrúpulo, con el fin de retener a la amante y al trabajador. En el caso, por ejemplo, de Lázaro de Tormes, el «arrimarse a los buenos», descrito con aquella supuesta *inocencia*, significa la pérdida de la dignidad moral del pícaro, que obtiene su ascensión social accediendo a un proceso de degradación semejante. Catalina, sin embargo, huye, no se sabe si más por salvaguardar su propia dignidad o simplemente para continuar ocultando su sexo.

[47] En Vallbona «diacho»; en Munárriz «diablo». «Diantre» o «dianche» son otras acepciones populares para tal tipo de exclamación.

casamiento no había que tratar, porque por todo el mundo yo no lo haría; a lo cual él porfió, y me prometió montes de oro, representándome la hermosura y prendas de la dama, y la salida de aquel pesado negocio y otras conveniencias, sin embargo de lo cual persistí en lo dicho. Visto lo cual trató mi amo de pasarme a Trujillo con la misma tienda y comodidad, y vine en ello.

Capítulo IV

De Saña pasa a Trujillo. Mata a uno

Pasé a la ciudad de Trujillo, obispado sufragáneo de Lima, a donde me tenía tienda mi amo. Entré en ella y fui despachando en la misma conformidad que en Saña, y con otro libro como el pasado, con razón del modo y precios, y fiados. Serían pasados dos meses, cuando una mañana, como a las ocho, pagando yo en mi tienda una libranza de mi amo de unos veinticuatro mil pesos, entró un negro y me dijo[48] que estaban a la puerta unos hombres que parecían traer broqueles. Diome cuidado, despaché al cobrador, tomada carta de pago. Envié a llamar a Francisco Zerain, que vino luego, y reconoció al entrar a tres hombres que allí estaban, que eran Reyes, y aquel su amigo a quien en Saña derribé de una estocada, y otro. Salimos a la calle, encargado el negro en cerrar la puerta, y luego al punto se nos arrojaron. Recibímoslos y fuimos bregando, y a poco rato quiso mi mala suerte que al amigo de Reyes le entré una punta, no sé por dónde, y cayó. Fuimos batallando dos a dos con sangre de ambas partes.

A este tiempo llegó el corregidor don Ordoño de Aguirre con dos ministros, y echóme mano. Francisco Zerain se valió de los pies, y entró en sagrado. Llevándome[49] él propio a la cárcel, que los ministros se ocuparan con los otros, íbame pre-

---

[48] En el manuscrito de Ferrer hay dos puntos, que no aparecen en el de Vallbona ni en la versión de Munárriz.

[49] En Vallbona «llevábame». Munárriz mantiene «llevándome».

guntando quién era y de dónde; y oído que Vizcaíno[50], me dijo en vascuence[51] que al pasar por la iglesia mayor le soltase la pretina, por do me llevaba asido[52] y me acogiese. Yo tuve buen cuidado e hícelo así: entréme en la iglesia mayor y él quedó braveando[53]. Acogido allí, avisé a mi amo que estaba en Saña. Él vino en breve y fue tratando de mi despacho y no se halló camino, porque al homicidio agregaron no sé qué cosas, con que hubo de resolverse en que pasase a Lima. Di mis cuentas, hízome dos vestidos, diome dos mil seiscientos pesos[54] y carta de recomendación, y partí.

[50] Ferrer: «En América llaman generalmente Vizcaínos, así como en algunas provincias de España, a todos los naturales de las tres provincias exentas y Navarra, en razón de que todos ellos hablan el vascuence, idioma que les es común, así como a los Labortanos y Navarros franceses, que por esta razón suelen pasar por nacionales, cuando les acomoda, en España e Indias.»
[51] En Vallbona «vazquense». En Ferrer hay dos puntos después de «vascuence».
[52] En Vallbona «acido».
[53] En Ferrer «brabeando». Vallbona recupera la acepción correcta.
[54] En Vallbona son dos mulas y seiscientos pesos.

Capítulo V

Parte de Trujillo a Lima

Partido de Trujillo y andadas más de ochenta leguas, entré en la ciudad de Lima, cabeza del opulento reino del Perú, que comprende ciento y dos ciudades de Españoles, sin muchas villas, veintiocho obispados y arzobispados, ciento treinta y seis corregidores, las audiencias reales de Valladolid, Granada, Charcas, Quito, Chile y La Paz. Tiene arzobispo, iglesia catedral parecida a la de Sevilla, aunque no tan grande, con cinco dignidades, diez canónigos, seis raciones enteras y seis medias, cuatro curas, siete parroquias, doce conventos de frailes y de monjas, ocho hospitales, una ermita (inquisición y otra en Cartagena), universidad. Tiene virrey[55] y Audiencia real, que gobierna el resto del Perú, y otras grandiosidades[56]. Di mi carta a Diego de Solarte, mercader muy rico, que es ahora[57]

[55] En Ferrer «virey». Es una corrección poco acertada de Ferrer sobre el manuscrito anterior, ya que en la siguiente nota, el editor continúa escribiendo «virey». No obstante, Ferrer mantiene esa forma durante toda la obra.

[56] Ferrer: «Este gran virreinato, que en aquel tiempo era tal cual le describe aquí la Monja Alférez, se dividió después en tres virreinatos y una presidencia independiente. Los virreinatos son el del Perú, Santa Fe y Buenos Aires, y la presidencia la del reino de Chile, que también se hizo más tarde independiente del gobierno de Lima, a excepción de la plaza de Valdivia e islas de Chiloé y Juan Fernández que recibían en la última época de la dominación española socorros y situados de Lima.»

[57] Vallbona escribe «ahora», pero Ferrer anota «agora». Resulta extraño, si Ferrer se basa en el manuscrito utilizado por Vallbona, que el editor corrija la acepción inicial por un arcaísmo.

cónsul mayor de Lima, a quien me remitió mi amo Juan de Urquiza, el cual luego me recibió en su casa con mucho agrado y afabilidad, y a pocos días me entregó su tienda, y me señaló seiscientos pesos al año, y allí lo fui haciendo muy a su agrado y contento.

Al cabo de nueve meses me dijo que buscase mi vida en otra parte; y fue la causa que tenía en casa dos doncellas hermanas de su mujer, con las cuales, y sobre todo con una que más se me inclinó, solía yo más jugar y triscar. Y un día, estando en el estrado peinándome acostado en sus faldas, y andándole en las piernas[58], llegó acaso a una reja por donde nos vio y oyó a ella que me decía que fuese al Potosí y buscase dineros, y nos casaríamos. Retiróse, y de allí a un poco me llamó, y me pidió y tomó cuentas, y despidióme, y fuime.

Hallábame desacomodado y muy remoto[59] de favor. Estábanse allí entonces levantando seis compañías para Chile; yo me llegué a una y senté plaza de soldado, y recibí luego doscientos ochenta pesos que me dieron de sueldo. Mi amo Diego de Solarte que lo supo, lo sintió mucho, que parece no lo

---

[58] Ferrer: «No es, como se verá más adelante, la última vez en que esta mujer singular tiene el capricho de enamorar doncellas, séase porque llegó a hacerse ilusión que era hombre, o ya sea que se valía de este ardid para recatar más a las gentes su verdadero sexo.»

[59] En Vallbona aparece «desacomodada» y «remota». La editora comenta con sagacidad: «Aquí podemos observar cómo el de Ferrer mantiene más conscientemente el uso del masculino en estos casos, mientras que en *Vida i sucesos*, tan pronto como termina de contar la narradora su lance amoroso con la cuñada de Solarte, vuelve a adoptar la forma femenina propia de su sexo. Conviene señalar cómo, quizás de manera inconsciente, la narradora adopta el masculino o el femenino según se presente la situación, como un disfraz que le sirviera para representar un papel en un momento determinado. En los pasajes de cortejo, flirteo, amor, utiliza el masculino; igual en los de la guerra y los duelos. Sin embargo, cuando el registro es neutro, la narradora-protagonista vuelve al uso del femenino. Además, es de notar el carácter picaresco-boccacciano de la anterior secuencia narrativa que está contada con gran habilidad expresiva y entra en la línea del *Tirant lo Blanc*. Lo que es difícil de aceptar es que en su propia autobiografía Catalina de Erauso se atreviera a contar estos desvíos de la naturaleza que si se hubiesen publicado le habrían podido costar caro. Además, por esas fechas ella ha presentado su "Pedimento" de justicia y favor en reconocimiento por los servicios prestados a la corona española y en él insiste en su sangre noble y sobre todo en que se considere "la simplicidad y rara limpieza con que ha vivido y vive".»

decía por tanto. Ofrecióme hacer diligencias con los oficiales para que me borrasen la plaza, y volver el dinero que recibí; y no vine en ello, diciendo era mi inclinación andar y ver mundo. En fin, asentada la plaza en la compañía del capitán Gonzalo Rodríguez, partí de Lima en tropa de mil seiscientos hombres, de que iba por maestre de campo Diego Bravo de Sarabia, para la ciudad de la Concepción, que dista de Lima quinientas cuarenta leguas.

Capítulo VI

Llega a la Concepción de Chile y halla allí a su hermano. Pasa a Pai-cabí, hállase en la batalla de Valdivia, gana una bandera. Retírase al Nacimiento, va al valle de Purén. Vuelve a la Concepción, mata a dos y a su propio hermano

Llegamos al puerto de la Concepción en veinte días que se tardó en el camino. Es ciudad razonable, con título de *noble y leal;* tiene obispo. Fuimos bien recibidos por la falta de gente que había en Chile. Llegó luego orden del gobernador Alonso de Ribera[60] para desembarcarnos, trájo-

---

[60] Ferrer: «Este célebre gobernador era, como aseguran Ovalle, Funes y otros historiadores de América, un soldado valiente, aguerrido y experimentado en las guerras de Flandes y de Italia, por cuyas relevantes prendas fue mandado desde España a gobernar el reino de Chile, en las apuradas circunstancias en que se hallaba, hacia el año de 1605 en que llegó, mas habiéndose casado con real licencia en aquel país con una señora Aguilera, fue destituido de su empleo, y mandado a gobernar la provincia de Tucumán, sucediéndole en el gobierno de Chile su antecesor don Alonso García Remón.

»Mantúvose Ribera en el Tucumán hasta 1611. Dejó fundada la ciudad de San Juan de la Ribera en el valle de Londres, e incorporada la de Madrid de las Juntas a la de Esteco, que trasladó a más ventajoso sitio. Este grande hombre fue también el que abolió en el Tucumán el servicio personal de los indios, y el que fundó el colegio conciliar de Loreto, primer establecimiento literario que tuvo aquel país, cuyo mando dejó con general sentimiento de sus naturales, por el tino, acierto y justificación con que los gobernó. No fue hasta el año de 1612 que tomó por segunda vez las riendas del gobierno de Chile, que mantuvo hasta su muerte. No se sabe a cuál de estas dos épocas de Ribera se refiere la Monja Alférez, pero es de creer sea a la de 1605, por cuanto veremos más adelante citar al gobernador García Remón, el cual, como se ha dicho, gobernó también dos veces en Chile: una antes que Ribera, y otra después del primer gobierno de éste.»

la[61] su secretario el capitán Miguel de Erauso[62]. Luego que oí su nombre me alegré, y vi que era mi hermano, porque aunque no le conocía ni había visto, porque partió de San Sebastián para estas partes siendo yo de dos años, tenía noticia de él, si no de su residencia. Tomó la lista de la gente, fue pasando y preguntando a cada uno su nombre y patria; y llegando a mí y oyendo mi nombre y patria, soltó la pluma y me abrazó, y fue haciendo preguntas por su padre y madre, y hermanas, y por su hermanita Catalina la monja; y fui a todo respondiendo como podía, sin descubrirme ni caer él en ello. Fue prosiguiendo la lista, y en acabando me llevó a comer a su casa, y me senté a comer. Díjome que aquel presidio que yo llevaba de Paicabí, era de mala pasadía de soldados[63]; que él hablaría al gobernador para que me mudase de plaza. Subió al gobernador en comiendo, llevándome consigo. Diole cuenta de la gente que venía, y pidióle de merced que muda-

---

[61] Ferrer escribe «trújola», y Vallbona «tráhola».

[62] Vallbona dice «Araujo», y aclara en una nota el error de la narradora: «En documentos oficiales del 4 de marzo de 1604 firmados por Ginés de Lillo, Juez visitador general de tierras en Santiago y propiedad de Domingo de Eraso, comprobamos que en esas fechas Domingo es capitán, mientras que en todos los documentos oficiales relativos a Miguel de Erauso, éste aparece como Alférez. Además, los papeles de la época asignan siempre el título de Capitán a Domingo de Eraso; entre ellos está la real cédula de 1601 que da «Instrucción y orden de lo que el Capitán Domingo de Eraso ha de dar cuenta al rey en nombre del Gobernador Alonso de Ribera». Otra prueba del error la tenemos en la respuesta que recibió Domingo de Eraso del rey a su petición de obtener «licencia para volver a Chile por el Portugal y Río de la Plata»; este documento de 1598 reconoce que el gobernador Oñez de Loyola le encargó en Chile «la visita de los naturales de la ciudad de Santiago y de sus términos y tomar cuenta y residencia a muchos oficiales y ministros». En su libro *Guerra y sociedad en Chile*, Álvaro Jara dice que a comienzos «de 1602, salía rumbo a la corte el Capitán Erazo, secretario del Gobernador Alonso de Ribera» a defender el asunto de la esclavitud de los araucanos. Este Domingo de Eraso no era tampoco pariente de Catalina, pues se sabe que los Eraso proceden de otra rama y no tienen la estirpe de los Erauso. Lo extraño es que la narradora haga esta confusión poniéndole a su hermano Miguel los atributos de alguien que en aquella época era sumamente conocido, tanto en el Nuevo Mundo como en España.

[63] Ferrer: «Pueblo de indios situado en la costa a la boca del río Tucapel, cerca de donde dieron muerte los Araucanos a Pedro de Valdivia, conquistador del reino de Chile.»

se a su compañía a un mancebito que venía allí de su tierra, que no había visto otro de allá desde que salió. Mandóme entrar el gobernador, y en viéndome, no sé por qué, dijo que no me podía mudar. Mi hermano lo sintió y salióse. De allí a un rato llamó a mi hermano el gobernador, y díjole que fuese como pedía.

Así, yéndose las compañías, quedé yo con mi hermano por su soldado, comiendo a su mesa casi tres años sin haber dado en ello. Fui con él algunas veces a casa de una dama que allí tenía, y de ahí algunas otras veces me fui sin él; él alcanzó a saberlo, y concibió[64] mal, y díjome que allí no entrase. Acechóme, y cogióme otra vez; esperóme, y al salir me embistió a cintarazos, y me hirió en una mano. Fueme forzoso defenderme, y al ruido acudió el capitán don Francisco de Aillón, y metió paz; pero yo me hube de entrar en San Francisco por temor al gobernador, que era fuerte, y lo estuvo en esto, aunque más mi hermano intercedió, hasta que vino a desterrarme a Paicabí, y sin remedio hube de ir al puerto de Paicabí y estuve allí tres años.

Hube de salir a Paicabí, y pasar allí algunos trabajos, por tres años, habiendo antes vivido alegremente. Estábamos siempre con las armas en la mano, por la gran invasión de los indios que allí hay, hasta que vino finalmente el gobernador Alonso de Sarabia[65] con todas las compañías de Chile. Juntámonos otros cuantos con él, y alojámonos en los llanos de Valdivia, en campaña rasa, cinco mil hombres, con harta incomodidad. Tomaron y asolaron los indios la dicha Valdivia: salimos a ellos, y batallamos tres o cuatro veces, maltratándolos siempre y destrozando; pero llegándoles la vez última socorro, nos fue mal y nos mataron mucha gente y capitanes, y

---

[64] En Ferrer: «concebió». En Vallbona: «concibió».
[65] Dice Ferrer: «No consta este gobernador en la lista que pone Alcedo en su Diccionario Geográfico de América, ni suena por este tiempo en la Historia de Chile de Ovalle. Es pues de suponer que esté equivocado el nombre, y sea Alonso García Remón, a quien hallaremos nombrado más adelante en esta historia.» Rima de Vallbona propone que sea el maestre de campo don Diego Bravo de Sarabia, pues en la primera relación se nombra al capitán don Alonso de Sarabia y la historia se circunscribe al momento en que Alonso de Ribera gobierna Chile por primera vez.

a mi alférez, y llevaron la bandera. Viéndola llevar, partimos tras ella yo y dos soldados de a caballo[66] por medio de gran multitud, atropellando y matando, y recibiendo daño: en breve cayó muerto uno de los tres. Proseguimos los dos. Llegamos a la bandera, cayó de un bote de lanza mi compañero. Yo recibí un mal golpe en una pierna, maté al cacique que la llevaba y quitésela, y apreté con mi caballo, atropellando, matando e[67] hiriendo a infinidad, pero malherido y pasado de tres flechas y de una lanza en el hombro izquierdo, que sentía mucho. En fin, llegué a mucha gente, y caí luego del caballo. Acudiéronme algunos, y entre ellos mi hermano, a quien no había visto, y me fue de consuelo[68]. Curáronme, y quedamos allí alojados nueve meses. Al cabo de ellos mi hermano me sacó del gobernador la bandera que yo gané, y quedé alférez de la compañía de Alonso Moreno, la cual poco después se dio al capitán Gonzalo Rodríguez, primero capitán que yo conocí y holgué mucho.

Fui alférez cinco años[69]. Halléme en la batalla de Pu-

---

[66] En Vallbona: «de caballo».

[67] En Ferrer: «y», en Vallbona: «i».

[68] Vallbona: «Éste es uno de los poquísimos pasajes en el texto en que Catalina de Erauso descubre sus sentimientos. Sin embargo, obsérvese cuánta represión hay en lo que dice y cómo lo expresa. Quizás este mismo deseo de no demostrar emoción alguna, tiene el efecto estilístico de darle a la frase una carga emotiva perceptible para el lector que está predispuesto a esperar de ella una manifestación más humana y femenina.»

[69] Ferrer: «Don José de Sabau y Blanco», en la continuación de las tablas cronológicas de la Historia de España, llegando al año de 1608, dice lo siguiente: "Los Araucanos se rebelaron de nuevo en el reino de Chile, y después de muchas batallas al fin fueron reducidos; la principal de ellas se dio en el valle de Purén, en la cual los Indios mandados por Caupolicán (el Segundo), acometieron con tanto brío a los Españoles que los hicieron retroceder y mataron muchos de ellos, hasta que animados por Francisco Pérez Navarrete, capitán de mucho valor, quitó la vida de una lanzada al general de los enemigos, y les arrancó la victoria de entre las manos poniéndolos en huida, y dejando el campo sembrado de muertos. En todas estas batallas se halló Catalina de Arauso (sic.) natural de San Sebastián en la provincia de Guipúzcoa, la cual militaba vestida de soldado, y llegó al grado de alférez, y después volvió a Madrid a pedir el grado de capitán. Por testimonio de sus jefes justificó haberse hallado siempre en los primeros encuentros, y haber acometido al enemigo con la mayor intrepidez y valor. Las heridas que tenía en todo su cuerpo justificaban plenamente estas relaciones." Resulta de aquí que esta batalla fue, a lo que se

rén[70], donde murió el dicho mi capitán, y quedé yo con la compañía cosa de seis meses, teniendo en ellos varios encuentros con el enemigo, con varias heridas de flechas; en uno de los cuales me topé con un capitán de Indios, ya cristiano, llamado don Francisco Quispiguancha[71], hombre rico que nos traía bien inquietos con varias alarmas que nos tocó, y batallando con él lo derribé del caballo, y se me rindió, y lo hice al punto colgar de un árbol, cosa que después sintió el gobernador, que deseaba haberlo vivo, y diz que por eso no me dio la compañía, y la dio al capitán Casadevante[72], reformándome, y prometiéndome para la primera ocasión. De allí se retiró la gente, cada compañía a su presidio y yo pasé al Nacimiento, bueno sólo en el nombre, y en lo demás una muerte, con las armas a toda hora en la mano[73]. Allí estuve pocos días, porque vino luego el maestre de campo Álvaro Nuñes de Pineda[74], con orden del gobernador, y sacó de allí y de otros presidios hasta ochocientos hombres de a caballo para el valle de Purén, entre los cuales fui yo, con otros oficiales y capitanes; a donde fuimos e hicimos muchos daños, talas y quemas en sembrados, en seis meses. Después, el gobernador Alonso de Ribera me dio licencia para volver a la Concepción, y volví con mi plaza en la compañía de Francisco Navarrete, y allí estuve.

---

cree, en el año de 1608, lo cual está de acuerdo con el orden cronológico que se sigue desde el principio en el manuscrito de esta historia; si bien no lo está con la fe de bautismo y documentos del convento de monjas del Antiguo de la ciudad de San Sebastián, donde, como se ha dicho ya, entró a la edad de cuatro años, y no salió de él hasta los quince.»

[70] En Vallbona: «Burén.» Dato confirmado por el pedimento de 1626, donde se especifica que recibió muchas heridas en tal batalla.

[71] En Vallbona: «Guispiguarba.»

[72] En Vallbona: «Casavante» y, según la editora, debe de tratarse del Capitán Guillén de Casanova, citado en el pedimento de 1625.

[73] Ferrer: «El pueblo y fortaleza del Nacimiento, situado a la otra parte del río Biobio, fue quemado y destruido por los Indios Araucanos en el año de 1601. Sólo existían en el tiempo que habla la Monja Alférez algunas barracas para la tropa defendidas de un foso con estacada.»

[74] En Vallbona: «Álvaro Núñez de Pineda», que participó en más de 40 campañas en Chile y fue muy temido por los indios. Es también conocido como padre de Francisco Núñez de Pineda y Bascuñán, autor del *Cautiverio feliz.*

Jugaba conmigo la fortuna tornando las dichas en azares. Estábame quieto en la Concepción, y hallándome[75] un día en el cuerpo de guardia, entréme con otro amigo alférez en una casa de juego allí junto; pusímonos a jugar, fue corriendo el juego, y en una diferencia que se ofreció, presentes muchos alrededor, me dijo que mentía como cornudo: yo saqué la espada y entrésela por el pecho. Cargaron tantos sobre mí, y tantos que entraron al ruido, que no pude moverme: teníame en particular asido[76] un ayudante. Entró el auditor general Francisco de Párraga, y asióme también fuertemente, y zamarreábame haciéndome no sé qué preguntas; y yo decía que delante del gobernador declararía. Entró en esto mi hermano, y díjome en vascuence que procurase salvar la vida. El auditor me cogió por el cuello de la ropilla[77], yo con la daga en la mano le dije que me soltase; zamarreóme; tiréle un golpe, y atraveséle los carrillos; teníame aún[78]: tiréle otro, y soltóme; saqué la espada, cargaron muchos sobre mí, retiréme hacia la puerta, había algún embarazo, allanélo y salí, y entréme en San Francisco que es allí cerca, y supe allí que quedaban muertos el alférez y el auditor. Acudió luego el gobernador Alonso García Remón[79]: cercó la iglesia con soldados, y así la tuvo seis meses. Echó bando prometiendo premio a quien me diese preso, y que en ningún puerto se me diese embarcación, y avisó a los presidios y plazas, e[80] hizo otras diligencias: hasta que con el tiempo, que lo cura todo, fue templándose este rigor, y fueron arrimándose intercesiones, y se quitaron las guardas, y fue cesando el sobresalto, y fue quedándome más desahogo, y me fui hallando amigos que me visitaron, y se fue cayendo en la urgente provocación desde el principio, y en el aprieto encadenado del lance.

---

[75] Vallbona repite «estávame».
[76] En Vallbona: «acido».
[77] Ropilla: vestidura corta con mangas que se usa sobre el jubón.
[78] Vallbona omite «aún».
[79] En Vallbona: «Romón.» Ferrer comenta: «Esta segunda cita del gobernador Alonso García Remón, que como se ha expresado ya sucedió a Ribera, prueba que la primera vez que nombró a éste la Monja Alférez, se refería a la época de su primer gobierno.»
[80] En Ferrer: «y». En Vallbona: «i».

A este tiempo, y entre otros, vino un día don Juan de Silva, mi amigo, alférez vivo, y me dijo que había tenido unas palabras con don Francisco de Rojas, del hábito de Santiago, y lo había desafiado para aquella noche a las once, llevando cada uno a un amigo, y que él no tenía otro para eso sino a mí. Yo quedé un poco suspenso, recelando si habría allí forjada alguna treta para prenderme. Él, que lo advirtió, me dijo: si no os parece, no sea. Yo me iré solo, que a otro yo no he de fiar mi lado. Yo dije ¿que en qué reparaba? Y acepté[81].

En dando la oración, salí del convento y me fui a su casa: cenamos y parlamos hasta las diez, y en oyéndolas, tomamos las espadas y capas, y salimos al puesto señalado. Era la oscuridad tan suma, que no nos veíamos las manos; y advirtiéndolo yo, hice con mi amigo que para no desconocernos en lo que se pudiese ofrecer, nos pusiésemos cada uno en el brazo atado su lenzuelo.

Llegaron los dos, y dijo el uno, conocido en la voz por don Francisco de Rojas[82]:

—¡Don Juan de Silva! —don Juan respondió:

—Aquí estoy[83]

Metieron ambos mano a las espadas, y se embistieron, mientras estábamos[84] parados el otro y yo. Fueron bregando, y a poco rato sentí que se sintió mi amigo de punta que le había entrado. Púseme luego a su lado, y al punto el otro al lado de don Francisco. Tirámonos[85] dos a dos, y al breve rato cayeron don Francisco y don Juan. Proseguimos yo y mi contrario batallando; entréle yo una punta por bajo, según después pareció, de la tetilla izquierda, pasándole según sentí, coleto[86] de dos antes, y cayó.

---

[81] Construcción algo extraña en la edición de Ferrer. En el manuscrito de Vallbona se lee: «Yo dixe en qué reparaba, i acepté.»

[82] En Vallbona, desde «conocido» hasta «Roxas» *(sic)* hay un paréntesis, y se omite el «por».

[83] Tanto en éste como en el diálogo siguiente, aunque en Ferrer (no en Vallbona) aparecen sin distinción de líneas y párrafos, los hemos separado, introducidos por un guión, para hacer más clara su lectura.

[84] «Mientras estábamos» se omite en Vallbona.

[85] En Vallbona: «tirámosnos».

[86] Coleto: prenda de piel que cubre el cuerpo hasta, al menos, la cintura.

—¡Ah, traidor —dijo—, que me has muerto! —Yo quise reconocer el habla de quien yo no conocía. Preguntéle quién era. Dijo:

—El capitán Miguel de Erauso. —Yo quedé atónito. Pedía a voces confesión, y pedíanla otros. Fui corriendo a San Francisco, y envié dos religiosos: confesáronlos a todos. Los dos expiraron luego. A mi hermano lo llevaron a casa del gobernador, de quien era secretario de guerra[87]. Acudieron[88] con médico y cirujano a la curación, hicieron cuanto alcanzaron; en breve hízose lo judicial, preguntándole el homicida. Él clamaba por un poco de vino, el doctor Robledo se lo negaba, diciendo que no convenía; él porfió, el doctor negó. Dijo él:

—Más cruel anda usted conmigo que el alférez Díaz—, y de ahí a un rato expiró.

Acudió en esto el gobernador a cercar el convento, y arrojóse dentro con su guardia; resistieron los frailes, con su provincial, fray Francisco de Otalora, que hoy vive en Lima. Altercóse mucho sobre esto, hasta decirle resueltos unos frailes, que mirase bien, que si entraba, no había de volver a salir, con lo cual se reportó y retiró, dejando los guardas. Muerto el dicho capitán Miguel de Erauso, lo enterraron en el dicho convento de San Francisco, viéndolo yo desde el coro, ¡sabe Dios con qué dolor![89]. Estúveme allí ocho meses, siguiéndose entre tanto la causa en rebeldía, no dándo-

---

[87] Vallbona: «Dicho error, que ya señalamos antes, se vuelve a repetir y tal redundancia lo pone más en evidencia. Con el del año de su nacimiento, éste es otro de los errores serios del texto. Para nosotros es difícil aceptar que por la misma época Catalina de Erauso dé el dato correcto con respecto a su hermano Miguel en el "Pedimento", y equivocado, en su respuesta autobiográfica. Ésta es una de las varias instancias narrativas en las que no se puede dejar de pensar que un narrador ajeno al personaje haya llenado el hueco de su falta de conocimiento con datos de apariencia no verídica.»

[88] En Vallbona aparece «luego» después del verbo.

[89] En este caso, Catalina sí manifiesta, aunque de un modo parco en palabras, su dolor por la muerte de alguien, ya que se trata de su propio hermano. Pero obsérvese cómo en las muertes anteriores se limita a decir que «los dos expiraron luego». Lo mismo ocurrirá en el resto de las muertes que ella misma produzca con su actitud violenta.

me lugar el negocio para presentarme. Halléme ocasión con el amparo de don Juan Ponce de León[90], que me dio caballo y armas, y avió para salir de la Concepción, y partí a Valdivia y a Tucumán.

---

[90] A pesar de que existe un personaje real así llamado, natural de Jerez y emplazado en Chile, Vallbona piensa que «en este pasaje, quien le dio caballo, armas y avío para salir de Concepción, debió haber sido Juan Recio de León, quien en 1625 certifica que en una ocasión, y conociendo la capacidad de nuestra heroína, le encomendó una misión muy especial».

Capítulo VII

Parte de la Concepción a Tucumán

Comencé a caminar por toda la costa del mar, pasando
grandes trabajos y falta de agua, que no hallé en todo aquello
de por allí; topéme en el camino con otros dos soldados de
mal andar[91], y seguimos los tres el camino, determinados a
morir antes que dejarnos prender. Llevábamos nuestros caballos, armas blancas y de fuego, y la alta providencia de Dios.
Seguimos la cordillera arriba por subida de más de treinta leguas, sin topar en ellas, ni en otras trescientas que anduvimos,
un bocado de pan, y rara vez agua, y algunas yerbezuelas y
animalejos, y tal o tal raizuela de que nos mantener, y tal o
cual indio que huía[92]. Hubimos de matar uno de nuestros caballos y hacerlo tasajos, pero hallámosle sólo huesos y pelle-
jo; y de la misma suerte, poco a poco y caminando, fuimos
haciendo lo mismo de los otros, quedándonos a pie y sin po-
dernos tener. Entramos en una tierra fría, tanto que nos helá-
bamos[93]. Topamos dos hombres arrimados a una peña, y nos
alegramos. Fuimos a ellos, saludándolos antes de llegar, y, pre-

---

[91] Ferrer: «Esto es, fugitivos como ella por alguna fechoría de mano pesada.»
[92] Ferrer: «En la cordillera de los Andes, una de las más altas y ásperas de la
tierra, y por consiguiente cubierta en su mayor parte de nieve eterna, no solamente no se halla señal de vegetación, pero ni animales, excepto algunos gua-
nacos y zorros.»
[93] En Vallbona: «nos elava».

120

guntándoles qué hacían allí, no respondieron. Llegamos allá, y estaban muertos, helados, las bocas abiertas como riendo, y causónos eso pavor[94].

Pasamos adelante, y la noche tercera, arrimándonos a una piedra, el uno de nosotros no pudo más, y expiró. Seguimos[95] los dos, y el día siguiente, como a las cuatro de la tarde, mi compañero, llorando, se dejó caer sin poder más andar, y expiró. Halléle en la faltriquera ocho pesos, y proseguí mi camino sin ver a dónde, cargado del arcabuz y del pedazo de tasajo que me quedaba, y esperando lo mismo que vi en mis compañeros; y ya se ve mi aflicción, cansada, descalza[96], y lastimados los pies. Arriméme a un árbol, lloré, y pienso que fue la primera vez. Recé el rosario, encomendándome a la santísima virgen[97], y al glorioso san José[98], su esposo. Descansé un poco, volvíme a levantar y a caminar, y parece salí del reino de Chile, y entré en el de Tucumán, según el temple reconocí[99].

Fui caminando, y a la mañana siguiente, rendida en aquel suelo del cansancio y de hambre, vide venir dos hombres a caballo: ni supe si afligirme, o si alegrarme, no sabiendo si caribes, o si de paz. Previne mi arcabuz sin poder con él. Llegaron y preguntáronme a dónde iba por allí tan apartado[100]. Co-

---

[94] Ferrer: «Cuando se hacía el tráfico de negros en esta parte de América, era Buenos Aires quien surtía de ellos a Chile y el Perú, haciéndolos pasar por la cordillera de los Andes. Algunos de los que morían en esta penosa jornada, quedaban de un año para otro en la posición que describe a estos dos muertos doña Catalina, como yo mismo he visto algunos en el año de 1809, en que hice por tierra el viaje de Buenos Aires a Chile para pasar a Lima.»

[95] En Ferrer «Siguimos».

[96] En la versión de Ferrer también aparecen los femeninos en esta ocasión, aunque la utilización del masculino ha sido habitual desde casi el principio, mientras que en la de Vallbona existen muchas más vacilaciones.

[97] En Vallbona «Santíssima Virgen».

[98] En Vallbona «Ioseph», sin «san» delante.

[99] Ferrer: «Tan luego como llegó a paraje donde había árboles, debió sentir una diferencia notable en el temple, puesto que había ya atravesado la cordillera; pero andando algo más desde este paraje hacia el llano, notaría no solamente buen temple, sino también calor, que es lo que aquí quiere dar a entender. En las faldas de las cordilleras de América, se encuentran en muy corta distancia tres o cuatro temperamentos distintos, como sucede en las inmediaciones del célebre cerro del Potosí.»

[100] Ferrer vuelve al masculino, pero Vallbona continúa en femenino.

nocílos cristianos, y vide el cielo abierto. Díjeles que iba perdido, y no sabía dónde estaba, y que me hallaba rendido y muerto de hambre, y sin fuerzas para me levantar. Doliéronse de verme, apeáronse, diéronme de comer lo que llevaban, subiéronme en un caballo, y lleváronme a una heredad tres leguas de allí, donde dijeron que estaba su señora, y llegamos como a las cinco de la tarde.

Era la señora una mestiza, hija de Español y de India, viuda, buena mujer, que viéndome y oyendo mi derrota y desamparo, se condolió y me recibió bien, y compadecida me hizo luego acostar en razonable cama, y me dio bien de cenar, y me dejó reposar y dormir, con lo que me restauré. La mañana siguiente me dio bien de almorzar, y me dio un vestido razonable de paño, viéndome totalmente falto, y fue así tratándome muy bien y regalando mucho. Era bien acomodada, y tenía muy muchas bestias y ganados; y como parece que aportan por allí pocos Españoles, parece que me apeteció para una hija.

Al cabo de ocho días que allí me tuvo, me dijo la buena mujer que me quedase allí para gobernar su casa. Yo mostré grande estimación de la merced que me hacía en mi descarrío, y ofrecíme a servirla cuanto bien yo alcanzase. A pocos más días, me dio a entender que tendría a bien que me casase con su hija, que allí consigo tenía, la cual era muy negra y fea como un diablo, muy contraria a mi gusto, que fue siempre de buenas caras[101]. Mostréle grande alegría de tanto bien sin merecerlo yo, ofreciéndome a sus pies para que dispusiese de mí, como de cosa suya adquirida en derrota. Fui sirviéndola lo mejor que supe; vistióme muy galán, y entregóme francamente su casa y su hacienda. Pasados dos meses, nos vinimos al Tucumán, para allí efectuar el casamiento: y allí estuve otros dos meses, dilatando el efecto con varios pretextos, hasta que no pude más, y tomando una mula me partí, y no me han visto más.

---

[101] Ferrer: «Ya en otra nota se ha manifestado esta inclinación singular de esta rara mujer, que aun hablando de buena fe con sus lectores, parece quiere llevar adelante su manía de pasar por hombre, afectando una pasión decidida por el bello sexo.»

Sucedióme en este tiempo en Tucumán otro caso a esta manera: y fue que en aquellos dos meses que allí estuve entreteniendo a mi India, me amisté casualmente con el secretario del obispo, el cual me festejó y llevó a su casa varias veces, y allí jugamos, y vine a introducirme allí también con don Antonio Cervantes, canónigo de aquella iglesia, y provisor del obispo, el cual también se me inclinó, y acarició y regaló, y convidó varias veces a comer, y vino finalmente a declararse diciéndome que tenía una sobrina en casa, mocita de mi edad, de muy relevantes prendas, y con buen dote, y que le había parecido desposarla conmigo, que también le había agradado. Yo me mostré muy rendido al favor y a su voluntad. Vide a la moza, y parecióme bien, y envióme un vestido de terciopelo bueno, y doce camisas, seis pares de calzones de ruán, unos cuellos de holanda, una docena de lenzuelos, y doscientos pesos en una fuente, y esto de regalo y galantería, no entendiéndose dote. Yo recibílo con grande estimación, y compuse la respuesta lo mejor que supe, remitiéndome a la idea a besarle la mano, y ponerme a sus pies. Oculté lo que pude a la India, y en lo demás dile a entender que era para solemnizar el casamiento con su hija, de que aquel caballero había sabido, y estimaba mucho habiéndoseme inclinado. Y hasta aquí llegaba esto, cuando monté el cabo[102], y me desaparecí: y no he sabido cómo se hubieron después la negra y la provisora.

---

[102] Se supone que es «el caballo».

Capítulo VIII

Parte de Tucumán a Potosí

Partido de Tucumán, como dije, enderecé hacia el Potosí, que dista de allí como quinientas cincuenta leguas, en que tardé más de tres meses, caminando por tierra fría, despoblada por lo más. Topé, a poco andado, un soldado que tiraba hacia allá, y me alegré, y nos fuimos juntos. De allí a poco, de unos baños que estaban en el camino, nos salieron tres hombres con monteras y escopetas, pidiendo lo que llevábamos. No hubo modo de detenerlos, ni de hacerles creer que no llevábamos qué dar; hubimos de apear y hacerles cara, tirámonos unos a otros. Ellos erraron, y cayeron los dos, y el otro partió huyendo. Volvímonos a montar y proseguir.

Finalmente, andando mucho, y pasados varios afanes, llegamos pasados más de tres meses al Potosí. Entramos sin conocer a nadie, y cada uno echó por su lado haciendo su diligencia. Yo me topé con Juan López de Arguijo, veinticuatro[103] de la ciudad de la Plata, provincia de las Charcas, y acomodéme con él por camarero, que es como mayordomo, con salario que él me señaló de novecientos pesos al año, y entregóme doce mil carneros de carga de la tierra, y ochenta Indios, y con ellos partí para las Charcas, y fuese allá también mi amo. A poco de llegados, se le ofreció a mi amo disgusto y ciertas contiendas allí con unos hombres, en que hubo re-

---

[103] Veinticuatro: Regidor de Ayuntamiento en algunas ciudades de Andalucía.

yertas, y prisiones, y embargos, con lo que yo hube de despedirme y volverme.

Vuelto al Potosí, aconteció allí poco después el alzamiento de Alonso Ibáñez, siendo corregidor don Rafael Ortiz, del hábito de San Juan, el cual juntó gente para [ir] contra los alzados (que eran más de ciento) entre la cual fui yo, y saliendo a ellos, los encontramos en la calle de Santo Domingo una noche. Preguntándoles[104] el corregidor en alta voz: ¡Quién vive![105], no respondieron, y se retiraban. Volvió a preguntar lo mismo, y respondieron algunos: —La libertad—. Dijo el corregidor, y muchos otros con él: —Viva el rey—, y avanzó a ellos, siguiéndole nosotros a cuchilladas y balazos, defendiéndose ellos al mismo paso; fuímoslos apretando en una calle, cogidas las espaldas por la otra boca, y cargámoslos de manera que se rindieron, y escapados algunos prendimos treinta y seis, y entre ellos el Ibáñez. Hallamos muertos de ellos siete, y de los nuestros dos; heridos, muchos de ambas partes. Diose tormento a algunos de los aprehendidos, y confesaron pretender alzarse con la ciudad aquella noche. Levantáronse luego tres compañías de gente vizcaína, y de las montañas, para guarda de la ciudad; y pasados quince días se dio horca a todos ellos, con lo que quedó quieta la ciudad.

De aquí por algo que acaso hube de hacer, o acaso por algo antes hecho, se me dio el oficio de ayudante de sargento mayor[106], que estuve sirviendo por dos años. Allí en el Potosí, estando sirviendo, dio orden el gobernador Pedro de Legui, del hábito de Santiago, para levantar gente para los Chuncos[107] y el Dorado, población de Indios de guerra, quinientas leguas del Potosí, tierra tan rica de oro y pedrería[108]. Era maestre de

---

104 En Vallbona: «Preguntóles.»

105 En Valbona: «¡Quién viene!»

106 Vallbona: «Tal dato es erróneo, pues en todos los documentos oficiales ha quedado constancia de que sólo consiguió el título de Alférez.»

107 En Vallbona: «Chunchos.»

108 Ferrer: «No es fácil atinar cuál sea la tierra ni el río Dorado de que aquí habla. De contado no parece tratar del país de Manua o Coupa de la Nueva Extremadura, a cuyas riquezas imaginarias dieron nombre entre nacionales y extranjeros las fábulas sacadas de las relaciones imaginarias de Juan Martínez, y las imposturas del supuesto inca Boorques. Los Chuncos deben ser los

campo Bartolomé de Alba: puso en ejecución el apresto y la partida, y aviado todo nos partimos del Potosí a los veinte días.

Chunchos, nación bárbara de la provincia de Tarma en el Perú, situada en el seno que forman los ríos Apurimac y Paucartambo; y el Dorado, el río de San Juan del Oro, en la provincia de Caravaya en el Perú. En estas inmediaciones fundaron los Españoles fugitivos de los partidos de Pizarro y de Almagro, una villa de este nombre, donde habiendo hallado abundantes lavaderos de oro, se hicieron ricos, y después de conseguir un indulto del virrey don Antonio de Mendoza, en 1553, pasaron algunos a España, donde obtuvieron honores y mercedes del emperador Carlos V: pero abusando de ellos, volvieron a formar bandos y partidos, con que se destruyeron; y la floreciente villa que contaba más de tres mil habitantes, quedó reducida a la nada. Su posición geográfica debe ser hacia los 14 grados latitud sur, y 62 grados longitud occidental de Cádiz. Las inmediaciones de este río han producido mucho oro en todos tiempos; y en uno de sus lavaderos se halló la famosa y mayor pepita de oro que tal vez ha producido la naturaleza; la cual se envió a España en el reinado de Carlos V, y pesó cuatro arrobas y libras. Todo parece que inclina a creer, que esta sea la tierra a que se dirigió la expedición que refiere doña Catalina. Sólo en la distancia hay alguna equivocación, la cual podrá pertenecer al copista, poco escrupuloso en eso de cantidades y nombres propios.»

126

Capítulo IX

Parte del Potosí a los Chuncos

Partidos del Potosí a los Chuncos, llegamos a un pueblo llamado Arzaga, que era de Indios de paz, donde estuvimos ocho días; tomamos guías para el camino, y perdímonos sin embargo, y nos vimos en harta confusión sobre unas lajas, de donde se despeñaron cincuenta mulas cargadas de bastimentos y municiones, y doce hombres.

Pasando a la tierra adentro descubrimos unos llanos llenos de infinidad de almendros como los de España, y de olivares y frutas. Quería el gobernador sembrar allí para suplir la falta que llevábamos de bastimentos, y no vino la infantería en ello, diciendo que allí no íbamos a sembrar, sino a conquistar y a coger oro, y que el sustento lo buscaríamos. Pasamos adelante, y al tercer día descubrimos un pueblo de Indios, los cuales luego se pusieron en arma. Llegamos, y en sintiendo ellos el arcabuz huyeron desatinados, quedando muertos algunos. Entramos en el lugar sin haber podido coger un Indio de quien saber el camino.

Al salir, el maestre de campo Bartolomé de Alba, fatigado de la celada, se la quitó para limpiarse el sudor, y un demonio de un muchacho, como de doce años, que estaba enfrente a la salida encaramado en un árbol, le disparó una flecha, y se la entró por un ojo y lo derribó, lastimado de tal suerte, que expiró al tercer día. Hicimos al muchacho diez mil añicos.

Habíanse entretanto los Indios vuelto al lugar, en número de más de diez mil. Volvimos a ellos con tal coraje, e hicimos

127

tal estrago, que corría por la plaza abajo un arroyo de sangre como un río, y fuímoslos siguiendo y matando hasta pasar el río Dorado. Aquí nos mandó el gobernador retirar, e hicímoslo de mala gana, porque en las casas del lugar se habían hallado unos más de sesenta mil pesos en polvo de oro, y en la orilla del río hallaron otros infinito, y llenaron los sombreros, y supimos después que la menguante suele dejarlo por allí en más de tres dedos[109]: por lo cual, después muchos pedimos al gobernador licencia para conquistar aquella tierra, y como él, por razones que tendría, no la diese, muchos, y yo con ellos, nos salimos de noche y nos fuimos, y llegados a poblado de cristianos, fuimos tirando cada uno por su cabo. Yo me fui a Cenhiago[110], y de allí a la provincia de las Charcas con algunos realejos, que poco a poco y en breve vine a perder[111].

---

[109] Ferrer: «Hay alguna exageración en esto de que dejaba la menguante tres dedos de alto de oro en polvo por aquel suelo: pero todo conspira a hacer creer que se cogía en gran cantidad por aquellos tiempos, según las relaciones fidedignas que se conservan en los archivos del Perú.»

[110] Ferrer: «Puede ser Santiago, pueblo de la provincia de Chucuitos, por donde, viniendo del río de Oro, tenía que pasar caminando hacia la Plata.»

[111] Ferrer: «Sin duda que perdió estos realejos que dice al juego, a que doña Catalina fue siempre apasionada, como lo manifiesta ella misma en el curso de esta relación histórica de su vida.»

Capítulo X

Pasa a la ciudad de la Plata

Pasé a la ciudad de la Plata y acomodéme con el capitán Francisco de Aganumen, vizcaíno, minero muy[112] rico, con quien estuve algunos días, y desacomodéme por cierto disgusto que con otro Vizcaíno amigo del amo se me ofreció; acogíme, entre tanto que me aviaba, a casa de una señora viuda, llamada doña Catarina de Chaves, la más principal y calificada, según decían, que había por allí, la cual, por medio de un su criado con quien acaso me amisté, me prometió acogerme entre tanto allí. Sucedió, pues, que el jueves santo[113], yendo a las estaciones esta señora, se topó en San Francisco con doña Francisca de Marmolejo, mujer de Don Pedro de Andrade, sobrino del conde de Lemos[114], y sobre lugares[115], se trabaron de palabras, y pasó doña Francisca a darle a doña Catarina con un chapín, levantándose de aquí un ruido y agolpamiento de gente. Fuese doña Catarina a su casa, y allí acudieron parientes y conocidos, y se trató ferozmente el caso. La otra señora se quedó en la iglesia con el mismo concurso de los suyos, sin atreverse a salir, hasta que vino don Pedro, su marido,

---

112 En Vallbona desaparece este «muy».
113 En Vallbona, «Jueves Santo», con mayúsculas.
114 Vallbona: «Es el único personaje de esta secuencia narrativa, cuya existencia histórica ha sido comprobada: fue virrey del Perú durante 1667-1672 y se distinguió por su intervención favorable en las ganancias de la corona española en las minas de Huancavélica.»
115 Ferrer: «Quiere decir, sobre lugares de preferencia en la iglesia.»

ya entrada la noche, acompañado de don Rafael Ortiz de Sotomayor, corregidor (que hoy está en Madrid), caballero de Malta, y de los[116] alcaldes ordinarios, y ministros con hachas encendidas, y la sacaron para su casa.

Al ir por la calle que va de San Francisco a la plaza, sonó en la plaza un ruido de cuchilladas, al cual el corregidor partió, y los alcaldes y ministros, quedando sola la señora con su marido. A este tiempo pasó corriendo un Indio hacia el ruido de cuchilladas, y al pasar por junto a la señora doña Francisca Marmolejo le tiró un golpe a la cara con cuchillo o navaja, y se la cortó de parte a parte, y prosiguió corriendo; lo cual fue tan repentino que el marido, don Pedro, por luego no lo entendió[117]. Entendido, fue grande el alboroto, el ruido, la confusión, el concurso, las cuchilladas de nuevo, las prisiones, y todo sin se entender.

Entre tanto fue el Indio a la casa de la señora doña Catarina, y dijo a su merced al entrar: —Ya está hecho—. Fue prosiguiendo la inquietud, y los temores de grandes daños. Hubo de las diligencias de resultar algo, y al tercero día el corregidor se entró en casa de doña Catarina y la halló sentada en su estrado. Recibióle juramento, y preguntóla si sabía quién había cortado la cara a doña Francisca Marmolejo, y respondió que sí. Preguntóle quién fue; respondió: —Una navaja y esta mano—. Y con esto se salió, dejándola[118] guardas.

Fue examinando a la gente de la casa. Llegó a un Indio, atemorizóle con el potro, y el menguado declaró que me vido salir de casa con aquel vestido y cabellera de Indio que me dio su señora, y que la navaja la trajo Francisco Ciguren[119], barbero vizcaíno, y que me vido volver, y oyó decir: —Ya está hecho—. Pasó y prendió a mí, y prendió al barbero, y nos cargó de prisiones, bien separados y retirados. Así pasaron algunos días, cuando una noche un alcalde de la real audiencia[120] que había recogido la causa, y preso a ministros, no sé por

---

[116] En Vallbona: «dos».
[117] Por el momento no lo advirtió.
[118] En Vallbona: «dexándole».
[119] En Vallbona: «Siragún.»
[120] En Vallbona con mayúsculas.

qué, entró en la cárcel y dio tormento al barbero, en el cual él luego declaró lo suyo y lo ajeno, con lo cual el alcalde pasó a mí y recibió confesión. Yo negué totalmente saber del caso; luego pasó a me mandar desnudar y poner en el potro. Entró un procurador alegando ser yo vizcaíno, y no haber lugar por tanto a darme tormento por razón de privilegio. El alcalde no hizo caso, y prosiguió[121]. Empezaron las vueltas: yo estuve firme como un roble. Iban prosiguiendo las preguntas y vueltas, cuando éntranle un papel, según entendí después, de doña Catarina de Chaves, que se le dio en su mano, y abrió y leyó, y estuvo después mirándome parado un rato, y dijo: —Quítese ese mozo de ahí—. Quitáronme, y volviéronme a mi prisión, y él se volvió a su casa.

El pleito se fue siguiendo, no sabré decir cómo, hasta que salí sentenciado en diez años de Chile, sin sueldo y el barbero en doscientos azotes y seis años de galeras. De eso apelamos agenciando paisanos, y se fue siguiendo, no sabré decir cómo, hasta que salió un día sentencia en la real audiencia, en que me dieron por libre, y a la señora doña Francisca condenaron en costas, y salió también el barbero: que estos milagros suelen acontecer en estos conflictos, y más en Indias, gracias a la *bella*[122] *industria*.

---

[121] Ferrer: «Que un alcalde ordinario lego, de malas entrañas, y sin asesorarse, cometiera un atentado semejante, pase; pero que un juez togado atropellase de un modo tan violento, condenando a la bárbara prueba de la tortura, a dos personas exceptuadas por la ley por razón de privilegio de nobleza, no se comprende fácilmente, sin suponer un interés poco digno de un magistrado recto. Que éste no lo era lo prueba ciertamente la relación de la Monja Alférez: pues pudo más con él una esquela de doña Catalina *(sic)* de Chaves, que iría acompañada de alguna fuerte dádiva, que la ley que favorecía en esta parte a los reos.»

[122] En Vallbona: «vela».

Capítulo XI

Pásase a las Charcas

Salido de este aprieto, no pude menos que ausentarme de la Plata. Paséme a las Charcas[123], distante diez y seis leguas de allí. Volvíme a hallar allí al ya dicho Juan López de Arguijo[124], veinticuatro. Entregóme diez mil cabezas de carneros de la tierra[125] para con ellos trajinar[126], con ciento y tantos Indios. Entregóme una gran partida de dinero para que fuese a los llanos de Cochabamba y comprase trigo, y moliéndolo, lo llevase a vender al Potosí, donde había falta y tenía valor. Fui y compré ocho mil fanegas a cuatro pesos; carguélas en los carneros, víneme a los molinos de Guilcomayo[127]. Molí tres mil quinientas, y partí con ellas al Potosí. Vendílas luego allí a pa-

---

[123] Ferrer: «La provincia de Chayanta, que se llama también de Charcas, es un corregimiento del Alto Perú que confina por el norte con la provincia de Cochabamba, por el noroeste con el corregimiento de Oruro, por el este con la provincia de Yamparaez, por el sureste y sur con la de Porco, y por el oeste con la de Paria. Su capital, que también se llama Chayanta, dista unas diez y seis leguas de la ciudad de la Plata.»

[124] En Vallbona: «Guijo.»

[125] Ferrer: «El carnero de la tierra es la *llama*, cuadrúpedo indígena de la América meridional, muy parecido al camello, aunque mucho menor, cubierto el cuerpo con una especie de lana muy larga. Es animal de carga muy manso, y el único que los naturales del Perú habían domesticado antes de la conquista. La aspereza de las sierras del Perú y la falta de pastos, hacen a este animal sufrido y frugal, necesario para los transportes, a pesar de que apenas carga más que tres arrobas de peso, y de que hace jornadas muy cortas e irregulares.»

[126] En Vallbona: «trahinar»; en Ferrer: «traginar».

[127] En Vallbona: «Gilcomayo.»

naderos a quince pesos y medio. Volvíme a los molinos; hallé[128] allí molido parte del resto, y hallé compradores para todo. Vendílo todo a diez pesos, y volvíme con el dinero en contado a las Charcas a mi amo, el cual, vista la buena ganancia[129], me volvió a mandar volver a lo mismo a Cochabamba.

Entre tanto en las Charcas un día domingo, no teniendo qué hacer, me entré a jugar en una casa de don Antonio Calderón, sobrino del obispo. Estaban allí el provisor, el arcediano, y un mercader de Sevilla, allí casado; sentéme a jugar con el mercader, fue corriendo el juego, y a una mano dijo el mercader, que estaba ya picado[130]:

—Envido[131].

Dije yo:

—¿Qué envida?

Volvió a decir:

—Envido.

Volvíle a decir:

—¿Qué envida?

Dio un golpe con un doblón diciendo:

—Envido un cuerno.

Digo yo:

—Quiero, y reviro[132] el otro que le queda.

Arrojó los naipes y sacó la daga; yo, la mía; asiéronnos[133] los presentes, y apartáronnos, y fuese mudando conversación[134] hasta bien entrada la noche. Salí para irme a casa, y a poco andado, al volver una esquina, doy con él, que saca la espada y se viene a mí. Yo saqué la mía, y nos embestimos; tirámonos un poco, y a poco rato le entré una punta, y cayó.

---

[128] En Vallbona: «Halléme.»

[129] En Vallbona: «agencia».

[130] Aunque el todo diálogo va seguido en el texto y sin guiones, hemos preferido separar las intervenciones para aclarar el relato.

[131] Envidar: apostar dinero en juegos de naipes para ganar el dinero del contrario. En Vallbona: «Embido.»

[132] Revirar: Envidar nuevamente sobre lo que el contrincante ha envidado. En Vallbona: «rebido».

[133] En Vallbona: «Acieron nos.»

[134] En Vallbona termina aquí la frase y comienza otra: «De allí a un poco él se fue: yo me quedé en la conversación hasta...»

Acudió gente al ruido, acudió justicia, que me quiso prender; yo resistíme, y recibí dos heridas, y retirándome vine a coger iglesia, la mayor. Allí me estuve unos días, advertido de mi amo que me guardase, hasta que una noche, bien reconocida la sazón y el camino, me partí para Piscobamba.

Capítulo XII

Parte de las Charcas a Piscobamba[135]

Llegado a Piscobamba, me acogí en casa de un amigo, Juan Torrizo de Zaragoza[136], donde estuve unos pocos días. Una noche, en cenando, se armó juego con unos amigos que entraron. Sentéme con un portugués, Fernando de Acosta, que paraba largo[137]; paró una mano a catorce pesos cada pinta. Eché diez y seis pintas contra él, y viéndolas, se dio una bofetada en la cara diciendo: —¡Válgame la encarnación del diablo!— Yo dije: —¿Hasta ahora[138] qué ha perdido usted para desatinarse?— Alargó las manos hasta cerca de mis barbas, y dijo: —He perdido los cuernos de mi padre—. Tiréle la baraja a las suyas, y saqué la espada; él, la suya. Acudieron los presentes y detuviéronnos, y nos compusieron, celebrando y riendo los piques del juego. Él pagó, y fuese, al parecer, bien

---

[135] Ferrer: «Hay dos pueblos de este propio nombre en el Perú. El primero está en el corregimiento de Andahuailas, y el segundo en el de Conchucos. No parece probable que sea ninguno de estos dos que se trata aquí, mediante a que la distancia que marca de la ciudad de la Plata es de doce leguas, cuando al primero de aquellos hay más de doscientas. Lo natural es que el pueblo que nombraba la Monja Alférez sea Pomabamba, capital de la provincia y corregimiento de este nombre, que linda con los indios chiriguanos, y que dista unas veinte leguas de la Plata, debiendo creerse que el copista ha equivocado su nombre, que parece compuesto de *puma* y *pampa*, que en lengua quichua, cuyo alfabeto carece de la letra *b*, quiere decir campo de león.»

[136] En Vallbona: «Juan Forrizo de Zarraga.»

[137] Paraba largo: apostaba una gran cantidad de dinero en el juego de naipes.

[138] En Ferrer: «agora». En Vallbona: «ahora».

135

tranquilo. De allí a tres noches, viniéndome para casa, como a las once, en una esquina divisé a un hombre parado; tercié la capa, saqué la espada, y proseguí mi camino hacia él. Llegando cerca, se me arrojó tirándome, y diciendo: —Pícaro cornudo—. Conocido[139] en la voz, fuímonos tirando, y entréle una punta y cayó muerto.

Quedéme un poco pensando qué haría. Miré por allí y no sentí quién nos hubiese visto. Fuime a casa de mi amigo Zaragoza callando mi boca, y acostéme. A la mañana vino el corregidor, don Pedro de Meneses, bien temprano, e hízome levantar, y llevóme. Entré en la cárcel y echáronme prisiones. A cosa de una hora, volvió con un escribano y recibióme declaración: yo negué saber tal cosa; después me recibieron confesión, y negué. Púsose acusación, recibióse a prueba, hice mi probanza. Hecha publicación, vide testigos que no conocí. Salió sentencia de muerte; apelé y mandóse ejecutar, sin embargo. Halléme afligido. Entró un fraile a confesarme: yo me resistí; él porfió. Yo, fuerte. Fueron lloviendo frailes que me hundían; yo, hecho un Lutero. Vistiéronme un hábito de tafetán, subiéronme en un caballo, porque el corregidor se resolvió, respondiendo a los frailes que le instaban, que si yo quería irme al infierno, eso a él no le tocaba. Sacáronme de la cárcel, lleváronme por calles no acostumbradas por recelo de los frailes. Llegué a la horca. Quitáronme los frailes el juicio a gritos y a rempujones. Hiciéronme subir cuatro escalones. El que más me afligía era un dominico, fray Andrés de San Pablo, a quien habrá un año vide y hablé en Madrid en el colegio de Atocha[140]. Hube de subir más arriba; echáronme el volatín, que es el cordel delgado con que ahorcan, el cual el verdugo no me ponía bien, y le dije: —Borracho, pónmelo bien o quítamelo, que estos padres bastan[141].

---

[139] En Vallbona: «Conocílo.»
[140] Vallbona: «Éste es uno de los varios indicios de que el texto no fue escrito en 1624, o que la extrapolación al original autógrafo se hubiese hecho durante el viaje de regreso a España, ya que hacía casi veinte años que Catalina de Erauso no regresaba a su país.»
[141] Vallbona: «Obsérvese el tono picaresco que tiene esta secuencia narrativa y el desparpajo con que habla la narradora de los frailes: para aquellos tiem-

Estando en esto entra corriendo un posta de la ciudad de la Plata, despachado por el secretario, por mandado del presidente don Diego de Portugal[142], a instancia de Martín de Mendiola, vizcaíno, que supo el pleito[143] en que yo estaba, y entregó en su mano al corregidor un pliego ante un escribano en que le mandaba la audiencia suspender la ejecución de justicia, y remitir al preso y los autos a la real audiencia, que dista doce leguas de allí. La causa de esto fue rara, y manifiesta misericordia de Dios. Parece que aquellos testigos que depusieron de vista contra mí en el homicidio del Portugués, cayeron en manos de la justicia de la Plata por no sé qué delitos, y fueron condenados a horca; y estando en ella al pie declararon, sin saber el estado mío, que inducidos y pagados, y sin conocerme, habían jurado falso contra mí en aquel homicidio, y por eso la audiencia instando Martín de Mendiola, se conmovió y remitió. Llegado este despacho a tal punto, fue grande la alegría del pueblo compasivo. Mandóme el corregidor quitar de la horca y llevar a la cárcel, y remitióme con guardas a la Plata. Llegado allí y visto el proceso, anulado por aquellos hombres al pie de la horca, y no resultando otra cosa contra mí, fui mandado soltar a los veinticuatro[144] días, y estúveme allí otro poco.

---

pos inquisitoriales del siglo XVII era muy peligroso poner tales cosas en la propia autobiografía; sobre todo si se considera que Catalina de Erauso pretendía publicarla, pues se ha venido diciendo que con tal fin la había depositado en casa del editor Bernardino de Guzmán. Dicho tono irónico-satírico contra los representantes de la Iglesia no tiene nada de raro en el *Lazarillo de Tormes* por corresponder a la corta etapa erasmista que gozó España a principios del siglo XVI. Aquí sólo nos queda preguntarnos (sin poder responder) si ésta es una de las varias extrapolaciones al texto original autógrafo.»

[142] Ferrer: «Éste es el sexto presidente que tuvo la real audiencia de Charcas, y por lo tanto parece probable que este suceso hubiese tenido lugar hacia el año de 1613 o 1614.»

[143] En Vallbona: «aprieto».

[144] En Vallbona: «Veinte días.»

Capítulo XIII

Pasa a la ciudad de Cochabamba, y vuelve a la Plata

De la Plata me pasé a la ciudad de Cochabamba, a fenecer allí unas cuentas del dicho Juan López de Arguijo con Pedro de Chavarría, natural de Navarra, allí residente, casado con doña María Dávalos, hija del capitán Juan Dávalos, ya difunto, y de doña María de Ulloa, monja en la Plata, en convento que ella allí fundó. Ajustámoslas, y resultó alcance de mil pesos contra el dicho Chavarría, a favor del dicho Arguijo, mi amo, los cuales luego me entregó con mucha bondad y agrado, y me convidó a comer, y me hospedó dos días. Luego me despedí y partí, yendo encargado de su mujer de visitar de su parte a su madre, monja en la Plata, y darle muchos recaudos.

Partido de allí, húbeme de detener en cosillas que se me ofrecieron, hasta ya el cabo de la tarde, con amigos; en fin, partí y hube de volver a pasar por la puerta del dicho Chavarría. Al pasar, vide gente en el zaguán, y sonaba ruido dentro. Paréme a entender qué fuese, y en esto me dice doña María Dávalos desde la ventana: —Señor capitán, lléveme usted[145] consigo, que quiere matarme mi marido—. Y diciendo y haciendo, se arroja abajo. A esto llegaron dos frailes, y me dijeron: —Llévela usted, que la halló su marido con don Antonio Calderón[146], sobrino del obispo, y lo ha muerto, y a ella

---

[145] En Vallbona: «vuestra merced».
[146] Vallbona: «recordar que en el capítulo XI, fol. 221, este personaje aparece como jugador. Ahora lo vemos en el papel de amante y matado por celos.

la quiere matar y la tiene encerrada—. Y diciendo esto me la pusieron a las ancas, y yo partí en la mula que llevaba.

No paré hasta que a las doce de la noche llegué al río de la Plata. Había topado en el camino a un criado del dicho Chavarría, que venía de la Plata, y nos hubo de conocer, por más que yo me procuré retirar y encubrir, que avisó a su amo según la cuenta. Llegado al río me afligí, porque iba grande, y me pareció imposible de vadear. Dijo ella: —Adelante, pasar, que no hay otro remedio, y ayude Dios—. Apeéme y procuré descubrir vado, y resolvíme al que me pareció; volví a montar con mi afligida a las ancas, y entré. Fuimos entrando, ayudó Dios, y pasamos. Llegué a una venta que topé allí cerca; desperté al ventero, que se espantó de vernos a tal hora, y pasado el río; cuidé de mi mula, y que descansase; dionos unos huevos, y pan, y frutas; procuramos torcer y exprimir la ropa, y volvimos a partir y a andar, y al romper del alba, a cosa de cinco leguas, descubrimos la ciudad de la Plata.

Íbamos de ello algo consolados, cuando de repente doña María se ase más fuerte de mí, diciendo: —¡Ay señor!, mi marido!— Volví, y vídele que venía en un caballo, al parecer cansado. No sé, y me admira, cómo pudo ser esto; porque yo partí de Cochabamba primero, quedando él dentro de su casa, y sin detenerme un punto anduve hasta el río, pasélo y llegué a la venta, y me detuve allí como una hora, y volví a partir. Fuera de eso, aquel criado que topé en el camino y se lo hubo de decir, algo tardó en llegar, y algo tardó él en montar y partir. ¿Pues cómo él en el camino me salió al encuentro?[147]. No sé cómo, si no sea que traje yo más rodeo no sabiendo el camino, y él menos. En fin, desde como treinta pasos nos disparó una escopeta, y nos erró, pasando las balas tan cerca, que las oímos silbar. Yo apreté a mi mula, y bajé un cerro embreñado sin verlo más; que a la cuenta su caballo se le hubo de rendir. Corridas como cuatro leguas largas desde

Si en realidad este Antonio Calderón fuera el mismo que se consigna en el Archivo Arzobispal de Lima, tendríamos que concluir que estamos ante otra extrapolación novelesca, pues dicho personaje continuaba vivo en 1620, año en que doña Catalina descubrió el secreto de su identidad femenina.»

[147] En Vallbona, signos de admiración. Pero la pregunta es clara.

aquí, llegué a la Plata, bien fatigado y cansado. Fuime al convento de San Agustín, a la portería, y entregué a doña María Dávalos a su madre.

Volvíame a tomar mi mula, cuando topé con Pedro de Chavarría, que con la espada en la mano, se arrojó a mí, sin dar lugar a razones[148]; diome gran cuidado verle, por el repente, y por el cansancio con que me cogió, y la compasión al engaño con que me tenía por ofensor. Saqué mi espada, y hube de procurar la defensa. Entrámonos en la iglesia con la brega; allí me entró dos puntas en los pechos sin haberlo yo herido, que debía de ser diestro. Sentíme, y apreté, y fuilo retirando hasta el altar. Tiróme allí un gran golpe a la cabeza, reparélo con la daga, y entréle un palmo de espada por las costillas. Acudió ya tanta gente, que no se pudo más; acudió la justicia y queríanos sacar de la iglesia. En esto, dos frailes de San Francisco, que es allí en frente, me pasaron y entraron allá, ayudando a ello disimuladamente Don Pedro Beltrán, alguacil mayor, cuñado de mi amo, Juan López de Arguijo. En San Francisco, recogido por caridad, y asistido en la curación por aquellos padres, estuve retraído cinco meses.

Chavarría se estuvo también curando de sus heridas muchos días, clamando siempre sobre que le entregasen su mujer, sobre lo cual se hicieron autos y diligencias, resistiéndose ella con manifiesto riesgo de la vida. Aquí acudieron el arzobispo y el presidente con otros señores, y ajustaron que ambos se entrasen en religión y profesasen: ella donde estaba y él donde quisiese.

Quedaba mi particular, y querella dada: vino mi amo, Juan López de Arguijo, e informó al arzobispo don Alonso de Peralta[149], y al presidente y señores, en la verdad y casualidad sana y sin malicia con que obré en el caso, tan diferente de lo entendido por aquel hombre, y que no había más que haber socorrido repentinamente a aquella mujer que se me arrojó, huyendo de la muerte, pasándola al convento con su madre,

---

[148] En Vallbona: «topo» y «se arroja», en presente.
[149] Ferrer: «Don Alonso de Peralta fue el duodécimo arzobispo de Charcas, natural de Arequipa, arcediano e inquisidor de México. Murió en aquella ciudad, no se sabe a punto fijo en qué año, pero se presume que en 1616.»

como ella lo pidió. Lo cual verificado y reconocido se satisfizo y cesó la querella, y prosiguió la entrada en religión de los dos. Salí de la reclusión, ajusté mis cuentas, visité muchas veces a mi monja y a su madre, y a otras señoras de allí, las cuales, agradecidas, me regalaron mucho.

CAPÍTULO XIV

Pasa de la Plata a Piscobamba y a la Mizque

Traté de buscar alguna ocupación en que entender. Mi señora doña María de Ulloa, afecta por lo que la serví, me alcanzó del presidente y audiencia una comisión para Piscobamba[150], y los llanos de Mizque para la averiguación y castigo de ciertos delitos allí denunciados, para lo cual me señalaron escribano y alguacil, y salimos[151]. Fui a Piscobamba, escribí y prendí al alférez Francisco de Escobar, residente allí y casado, contra quien resultó haber muerto a dos Indios alevosamente por robarlos, y enterrádolos[152] dentro de su casa en una cantera, donde hice cavar y los hallé. Fui sustanciando la causa por todos sus términos hasta tener estado; y conclusa y citadas las partes, di sentencia condenando al reo a muerte. Él apeló; otorguéle la apelación, fue el proceso a la audiencia de la Plata, y el reo. Allí se confirmó, y lo ahorca-

---

[150] Ferrer: «Nos hallamos aquí otra vez con Piscobamba, provincia y pueblo que dista mucho de los llanos de Mizque, que están cerca de la ciudad de la Plata. Esto nos hace sospechar que está equivocado en uno y otro caso el nombre de este pueblo en el manuscrito, confundiéndolo tal vez con el de Pomabamba u otros pueblos de los varios que terminan en *bamba*, y pueden hallarse en un radio de diez y seis a veinte leguas de la Plata, y más cerca de Mizque, el cual se halla a igual distancia de su capital.»

[151] En Vallbona: «salarios».

[152] En Vallbona: «por robarlos, i robádoslos i enterrádoslos dentro...»

ron[153]. Pasé a los llanos de Mizque, ajusté lo a[154] que iba[155], volví a la Plata, di razón de lo obrado entregando los autos de Mizque, y estúveme después allí unos días.

---

[153] Ferrer: «No debe extrañarse esta delegación, si se tiene presente que en aquellos países son indispensables en ciertos casos, particularmente teniéndose que formar una causa criminal de esta naturaleza a un Español, en un pueblo de Indios, como sería éste, cuyo alcalde ordinario se consideraría incapaz de llevarla a cabo. Lo único que admira es la disposición e inteligencia de esta mujer extraordinaria, para representar con tanta propiedad, tantos y tan diferentes papeles en el mundo.»

[154] Así viene tanto en Ferrer como en Vallbona, cuando debe ser «a lo que». Corregido en Munárriz.

[155] Ferrer: «Es de presumir que la comisión de los llanos de Mizque sería alguna visita de recuento de Indios, u otra relativa a la real hacienda, las cuales solían ser muy lucrativas para los comisionados, y por lo tanto se daban a personas a quienes los magistrados deseaban favorecer.»

Capítulo XV

Pasa a la ciudad de la Paz: mata a uno

Paséme a la Paz, donde me estuve quieto algunos días. Bien ajeno de disgusto, me paré un día a la puerta de don Antonio Barraza, corregidor, a parlar con un criado suyo, y aventando[156] la brasa el diablo, vino ello a parar en desmentirme, y darme con el sombrero en la cara. Yo saqué la daga, y allí cayó muerto. Cargaron sobre mí tantos, que herido me prendieron y entraron en la cárcel. Fuéronme curando y siguiendo la causa al mismo paso, la cual sustanciada y en estado, acumuladas otras, me condenó el corregidor a muerte. Apelé, y mandóse sin embargo ejecutar.

Estuve dos días confesando; el siguiente se dijo la misa en la cárcel, y el santo clérigo, habiendo consumido, volvió y me comulgó, y volvióse a su altar. Yo al punto volví la forma que tenía en la boca, y recibíla en la palma de la mano derecha, dando voces: —Iglesia me llamo, iglesia me llamo—. Alborotóse todo, y escandalizóse, diciéndome todos hereje. Volvió el sacerdote al ruido, y mandó que nadie llegase a mí. Acabó su misa, y a esto entró el señor obispo Don fray Domingo de Valderrama[157], dominico, con el gobernador. Juntáronse cléri-

---

[156] En Vallbona: «alentando», aunque una anotación en el margen del manuscrito dice: «quizá: abentando».

[157] Ferrer: «Don fray Domingo de Valderrama, del orden de santo Domingo, natural de Quito, fue célebre predicador y catedrático de la universidad de Lima, obispo de la Paz en 1606, y promovido al arzobispado de Santo Domingo en 1620.»

gos y mucha gente; encendiéronse luces, trujeron palio, y lleváronme en procesión, y llegados al sagrario, todos arrodillados, me cogió un clérigo revestido la forma de la mano, y la entró en el sagrario: no reparé en qué la puso. Después me rayeron[158] la mano, y me la lavaron diferentes veces, y me la enjugaron; y despejando luego la iglesia y los señores principales, me quedé allí; y esta advertencia me la dio un santo religioso francisco[159], que en la cárcel había dádome consejos, y últimamente confesádome. Cerca de un mes tuvo el gobernador cercada aquella iglesia, y yo allí guarecido; al cabo del cual quitó las guardas, y un santo clérigo de allí, según yo presumí, por orden del señor obispo, reconocido el alrededor y el camino, me dio una mula y dineros, y partí al Cuzco.

---

[158] De raer, raspar.
[159] En Vallbona: «franciscano». En las siguientes páginas Ferrer continuará utilizando la forma «francisco».

Capítulo XVI

Parte a la ciudad del Cuzco

Llegué al Cuzco, ciudad que no reconoce ventaja a Lima en vecinos ni riquezas; cabeza de obispado, dedicada su catedral a la Asunción de Nuestra Señora, servida por cinco dignidades, ocho canónigos, ocho parroquias, cuatro conventos de religiosos franciscos, dominicos, mercenarios, agustinos; cuatro colegios, dos conventos de monjas, tres hospitales.

Allí estando, me sucedió a pocos días otro fracaso bien pesado, y en realidad y verdad no merecido, porque me hallé ajeno totalmente de culpa, si bien mal opinado; e[160] sucedió allí una noche impensadamente la muerte de Don Luis de Godoy, corregidor del Cuzco, caballero de grandes prendas, y de lo más calificado de por allí. Matólo, según se descubrió después, un fulano Carranza, por ciertos piques largos de contar; y como por luego no se descubriese, me lo echaron a mí, y me prendió el corregidor Fernando de Guzmán, y me tuvo preso cinco meses, bien afligido, hasta que quiso Dios, pasado ese tiempo, que se descubriese la verdad, y mi total inocencia en ello, con que salí libre, y partí de allí.

---

[160] Forma extraña que aparece tanto en Ferrer como en Vallbona, ya que, aparte de ser incorrecta, nunca se utiliza cuando la palabra siguiente comienza con «i», como ya hemos comentado anteriormente.

Capítulo XVII

Pasa a Lima; de allí sale contra el Holandés. Piérdese y acógese a su armada; échanle a la costa de Paita, de allí vuelve a Lima

Paséme a Lima en el tiempo en que era virrey del Perú don Juan de Mendoza y Luna, marqués de Montes-Claros[161]. Estaba entonces el Holandés batiendo a Lima con ocho bajeles de guerra que allí tenía, y la ciudad estaba en arma[162]. Sali-

---

[161] Ferrer: «Don Juan de Mendoza y Luna, tercer marqués de Montes-Claros, decimoquinto virrey del Perú, pasó del virreinato de Nueva España al del Perú el año de 1607. Fue el que estableció el tribunal del consulado del comercio de Lima, libertó a los Indios del servicio personal y mandó construir sobre el Rímac el gran puente de piedra que comunica la ciudad con el arrabal de San Lázaro. Duró su acertado gobierno hasta el año de 1615, en que le entregó a su sucesor el príncipe de Esquilache.»

[162] Ferrer: «Así dice el manuscrito: pero estando la ciudad de Lima dos leguas distante del puerto, mal pudo decir doña Catalina que la escuadra holandesa batía aquella capital. Lo más cierto será que el original diría batiendo el Callao de Lima, puerto de mar principal, y ciudad fuerte, rica y poblada de treinta mil habitantes, que estaba situada en la orilla del mar, el cual habiéndose retirado mucho, horas antes del terremoto del año de 1746, volviendo repentinamente, se lo tragó con todos sus habitantes, sin escaparse casi ninguno. La ola que hizo este horrible estrago era tan grande, y venía con tanta fuerza, que antes de llegar a la ciudad, chocó con la isla de San Lorenzo, que es bastante alta y de una extensión de dos leguas, y la dividió en dos partes hacia el tercio del lado de tierra, en donde quedó y se conserva desde entonces, un canalizo, por el cual pueden pasar hoy buques grandes. A una legua de Lima, en el camino del Callao, se halla frente una capilla una cruz, que se llama *de la Legua*, en conmemoración de haber arrojado el golpe de mar hasta allí, na-

mos contra él del puerto del Callao cinco bajeles, y embestímosle, y por un grande rato nos iba bien, pero cargó sobre nuestra Almiranta, de forma que la echó a pique, sin que pudiesen escapar más que tres hombres, que nadando nos acogimos a un navío enemigo que nos recogió[163]: éramos yo, un fraile francisco descalzo y un soldado, a los cuales ellos nos hicieron mal tratamiento con burlas y desprecios. Toda la demás gente de la almiranta pereció[164].

---

víos de ochocientas toneladas, que se hallaban fondeados en el puerto del Callao. Sobre parte de las ruinas de la antigua ciudad de este nombre que se conocen todavía perfectamente, está hoy situada la fortaleza del Callao, que es un pentágono irregular, que defiende aquel magnífico puerto.»

[163] Vallbona: «nos acogió».

[164] Ferrer: «Habiéndose dado este combate naval en tiempo que gobernaba el marqués de Montes-Claros, por el orden que van narrados hasta aquí diferentes sucesos, era preciso que hubiese tenido lugar hacia el fin de su gobierno, esto es en 1615. Y en efecto, en la Historia general de viajes del abate Prevost, nueva edición de La Haya, del año de 1757, bajo la dirección de J. Vander Schley, discípulo distinguido del célebre Picart el Romano, tomo 15, se halla un extracto del viaje de Jorge Spilberg en 1614, a las Molucas, por el Estrecho de Magallanes que dice así: "Después de haber entrado dichosamente en el mar del Sur, Spilberg se hizo en él terrible por mucho tiempo a los Españoles. Allí batió una flota real comandada por don Rodrigo de Mendoza; y no habiendo cesado de esparcir el espanto por todas las costas de Chile y del Perú, no se apartó de ellas hasta el 26 de diciembre, para trasladarse a las Molucas por las islas Marianas y Filipinas. De allí se hizo a la vela para la isla de Java, de donde habiendo partido el 14 de diciembre de 1616, entró en el Tejel el primero de julio de 1617." El redactor añade una nota sobre el referido combate, cuyo tenor es el siguiente: "Este combate, que se dio en 18 de julio de 1615, fue muy vivo. La flota real, compuesta de ocho bajeles y montada por tres a cuatro mil hombres de equipaje, fue muy maltratada, y perdió tres navíos y más de la mitad de la tropa." Nuestros navíos, según la Monja Alférez, eran cinco, de los que habiendo ido a pique la Almiranta, volvieron cuatro al puerto del Callao, y por consiguiente el autor de esta nota exageró nuestra pérdida con objeto de ensalzar más la gloria del almirante holandés Spilberg. En comprobación de este suceso hallamos que el historiador de las islas Filipinas, fray Joaquín Martínez de Zúñiga, I tomo en 4.º, impreso en Sampaloc en el año de 1803, por fray Pedro Argüelles de la Concepción, religioso francisco, cap. 14, fol. 221, hace mención de una flota holandesa recién venida de Europa por el estrecho de Magallanes, compuesta de cuatro navíos y dos pataches, que en 1616 se presentó a la boca de Mariveles. No se puede dudar, por la coincidencia del tiempo, que esta escuadra fuese la misma de Spilberg que se batió frente al Callao de Lima con la de don Rodrigo de Mendoza; y también una de las varias de aquella nación de que habla el padre Maria-

A la mañana, vueltas al puerto de Callao nuestras cuatro naos, de que era general Don Rodrigo de Mendoza, se hallaron menos novecientos hombres, entre los cuales me contaron a mí, que iba en la Almiranta. Estuve en poder de los enemigos veintiséis días, temiendo[165] yo para mí que me llevarían a Holanda. Al cabo de ellos, a mí y a mis dos compañeros nos echaron en la costa de Paita, cosa de cien leguas de Lima, de donde unos días después, y pasados muchos trabajos, un buen hombre, que compadecido de nuestra desnudez nos vistió, nos encaminó y avió a Lima, y venimos[166]. Estúveme en Lima unos siete meses ingeniándome allí lo mejor que pude: compré un caballo, que me salió bueno y no caro, y andúveme en él unos pocos días tratándome de partir para el Cuzco. Estando de partida, pasé un día por la plaza, vino a mí un alguacil y me dijo que me llamaba el señor alcalde don Juan de Espinosa, caballero de la orden de Santiago. Llegué a su merced; estaban allí dos soldados, y así que llegué dijeron[167]:

—Éste es, señor, este caballo es nuestro, y nos ha faltado, y de ello daremos luego bastante información.

Rodeáronme ministros, y dijo el alcalde:

—¿Qué hemos de hacer en esto?

---

na en su sumario de la historia de España en el año de 1617, cuando asegura que años atrás fueron varios bajeles holandeses a la India por el estrecho de Magallanes, e hicieron daños en el mar del Sur, y corrieron las costas del Perú y de la Nueva España sin parar hasta Filipinas y las islas Molucas.»

[165] En Vallbona: «teniendo».

[166] Ferrer: «Parece extraño que al enumerar sus servicios al rey Felipe IV, omitiese el haberse hallado en este combate naval; y más extraño todavía que no haga mención aquí de haberse hallado también en el mismo combate su hermano Francisco: máxime cuando en apoyo de sus méritos interpone en el memorial que presentó a aquel monarca, el año de 1625, los servicios del capitán Miguel de Erauso su padre, del alférez Miguel de Erauso, de Francisco de Erauso, *que sirvió en la armada de Lima con don Rodrigo de Mendoza*, y Domingo de Erauso que se fue con la armada que salió para el Brasil, y volviendo de allá fue uno de los que perecieron en la Almiranta de las cuatro villas que se quemó: que todos tres, añade, fueron hermanos suyos.»

[167] Aunque Ferrer coloca juntas todas las intervenciones, aquí vamos a separar los diálogos por líneas, introducidas por guiones, inexistentes en el texto original.

Yo, cogida[168] de repente, no sabía qué decir, vacilante y confusa, que pareciera delincuente, cuando ocúrreme de repente quitarme[169] la capa, y tápole con ella la cabeza al caballo, y digo:

—Señor, suplico a vuestra merced que estos caballeros digan ¿cuál de los ojos le falta a este caballo?, si el derecho o el izquierdo, que puede ser otro, y equivocarse estos caballeros.

Dijo el alcalde:

—Dice bien: digan ustedes[170] a un tiempo, ¿de cuál ojo es tuerto ese caballo?[171].

Ellos se quedaron confusos. Dijo el alcalde:

—Digan ustedes a un tiempo.

Dijo el uno:

—Del izquierdo.

Dijo el otro:

—Del derecho; digo, del izquierdo.

A lo que dijo el alcalde[172]:

—Mala razón han dado ustedes, y mal concordante.

Volvieron ellos juntos a decir:

—Del izquierdo, del izquierdo decimos ambos, y no es mucho equivocarse.

Dije yo:

—Señor, aquí no hay prueba, porque uno dice uno, y otro, otro.

Dijo uno:

—No decimos sino una misma cosa, que es tuerto del ojo izquierdo, y eso iba yo a decir, y me equivoqué sin querer, pero luego me enmendé, y digo que del izquierdo.

Paróse el alcalde, y dije yo:

—Señor, ¿qué me manda vuestra merced?

Dijo el alcalde:

—Que si no hay más prueba, se vaya usted con Dios a su viaje.

---

[168] Es otra de las contadas ocasiones en que en la edición de Ferrer vuelve a utilizar el femenino para describirse a sí misma.
[169] En Vallbona: «i quítome».
[170] En Vallbona éste y los siguientes «ustedes» son «vuestras mercedes».
[171] En Vallbona todas estas interrogaciones son exclamaciones.
[172] En Vallbona: «Dixo el Alcalde.»

Entonces tiré de mi capa y dije:

—Pues vea vuestra merced cómo ni uno ni otro están en el caso, que mi caballo no es tuerto sino sano.

El alcalde se levantó y llegó al caballo, y mirólo y dijo:

—Monte usted y váyase con Dios.

Y volviéndose a ellos los prendió. Yo monté y me fui, y no supe en lo que paró aquello, porque me partí para el Cuzco.

Capítulo XVIII

Mata en el Cuzco al nuevo Cid quedando herida[173]

Volvíme a pasar al Cuzco. Hospedéme en casa del tesorero
Lope de Alcedo, y allí me estuve unos días. Entréme un día
en casa de un amigo a jugar; sentámonos dos amigos, fue corriendo el juego; arrimóse a mí el nuevo Cid, que era un hombre moreno, velloso[174], muy alto, que con la presencia espan-
taba, y llamábanle el Cid. Proseguí mi juego, gané una mano,
y entró la mano en mi dinero, y sacóme unos reales de a
ocho, y fuese. De allí a poco volvió a entrar: volvió a entrar la
mano, y sacó otro puñado[175] y púsoseme detrás. Previne la
daga, proseguí el juego, volvíme a entrar la mano al dinero.
Sentílo venir, y con la daga clavéle la mano contra la mesa.
Levantéme, saqué la espada, sacáronla los presentes, acudieron otros amigos del Cid, apretáronme mucho y diéronme
tres heridas; salí a la calle y tuve ventura, que si no me hacen
pedazos. Salió el primero tras mí el Cid; tiréle una estocada,
estaba armado como un relox[176]. Salieron otros y fuéronme
apretando. Acertaron a este tiempo venturosamente a pasar
dos Vizcaínos, acudieron al ruido, y pusiéronse a mi lado

---

[173] Nuevamente utiliza el femenino.
[174] Tanto en Ferrer como en Vallbona: «belloso».
[175] En Vallbona: «puño».
[176] Ferrer: «Sin duda quiere decir doña Catalina que el tal Cid venía armado con peto, cotamalla, o cosa semejante, por lo que no le pudo introducir la
punta de la espada en el cuerpo.»

viéndome solo y en contra cinco[177]; llevábamos los tres lo peor, retirándonos toda una calle hasta salir a ancho. Llegando cerca de San Francisco me dio el Cid por detrás con la daga una puñalada, que me pasó la espalda por el lado izquierdo de parte a parte; otro me entró un palmo de espada por el lado izquierdo, y caí en tierra echando un mar de sangre.

Con esto, unos y otros se fueron. Yo me levanté con ansias de muerte, y vide al Cid a la puerta de la iglesia. Fuime a él, y él se vino a mí diciendo: —Perro, ¿todavía vives?— Tiróme una estocada y apartéla con la daga, y tiréle otra con tal suerte, que se la entré por la boca del estómago atravesándolo[178], y cayó pidiendo confesión. Yo caí también. Al ruido acudió gente, y algunos frailes, y el corregidor don Pedro de Córdova, del hábito de Santiago; el cual, viendo asirme a los ministros les dijo: —Aquí[179] ¿qué hay que hacer sino confesarlo?— El otro expiró luego. Lleváronme caritativos a casa del tesorero, donde yo posaba. Acostáronme; no se atrevió un cirujano a curarme hasta que confesara, por recelo de que expirase. Vino el padre fray Luis Ferrer de Valencia, gran sujeto, y confesóme; y viéndome yo morir, declaré mi estado[180]. Él se admiró, y me absolvió, y me procuró esforzar y consolar. Vino el viático[181] y recibílo, y desde allí me pareció sentir esfuerzo.

Entró la curación, y sentíla mucho, y con los dolores y el desangre perdí el sentido, y estuve así por catorce horas, y en todo aquel tiempo, aquel santo padre Ferrer no se apartó de mí. Dios se lo pague. Volví en mí llamando a san José. Tuve para todo grandes asistencias, que provee Dios en la necesidad. Fuéronse pasando los tres días; luego los cinco, y conciliéronse esperanzas. Luego me pasaron una noche a San Francisco a la celda del padre Fray Martín de Aróstegui, pa-

---

[177] Como ya se ha explicado anteriormente, puede ser éste un testimonio de lo que dio en llamarse la «guerra de las Vicuñas».

[178] En Vallbona: «atrabezándolo».

[179] En Vallbona: «Haí.»

[180] Ferrer: «Como esta declaración la hizo en la confesión, no llegó a divulgarse ni a causar la admiración que causó después en Guamanga, cuando reveló este secreto tan bien guardado por tantos años al obispo de aquella diócesis.»

[181] En Vallbona con mayúscula.

riente de mi amigo Alcedo[182], por recelo de la justicia, y allí estuve cuatro meses que me duró la enfermedad. Lo cual, sabido por el corregidor, braveó y puso guardas en los contornos, y previno los caminos. Ya mejor y con certidumbre de que en el Cuzco no podía quedar, determiné, con ayuda y consejo de amigos, mudar tierra, recelando el encono de ciertos amigos del muerto. Diome el capitán Gaspar de Carranza mil pesos; el dicho tesorero Lope de Alcedo tres mulas y armas; don Francisco de Arzaga[183] tres esclavos; con lo cual, y con dos amigos vizcaínos de satisfacción, partí del Cuzco una noche para Guamanga.

---

[182] En Vallbona: Salcedo.
[183] En Vallbona: «Arnizaga.»

Capítulo XIX

Parte del Cuzco para Guamanga, pasa por el puente de Andahuailas y Guancavélica[184]

Partido del Cuzco, como digo, llegué al puente de Apurimac[185] donde topé a la justicia con amigos del muerto Cid que me estaban esperando. Dijo el ministro: —Sea usted preso—, y fueme a echar mano asistido de otros ocho. Desenvolvímonos nosotros cinco, y trabóse de unos a otros una fiera contienda. Cayó de los míos a breve rato un negro. Quejóse de allá otro, y a breve otro. Cayó el otro negro, derribé de un pistoletazo al ministro. Hallábanse otros de su parte heridos, y reconociendo armas de fuego cesaron[186], dejándose allí tres tendidos, a donde volverían después. Hasta el dicho puente diz que llega la jurisdicción del Cuzco, y que no pasa de allí;

---

[184] Éste es exactamente el título de la versión de Ferrer, y no, como dice Vallbona, «Apurimac» y «Andauailas». En la versión de Vallbona se dice: «pasa por la puente de Apizerria, Anduguellas, Guancavélica.»

[185] En la versión de Vallbona dice: «Apizerria.» Y Ferrer comenta: «El manuscrito dice Apizerria, pero debe entenderse Apurimac. Llámase así un río caudaloso del Perú, que viene a unirse con el Marañón, y atraviesa el camino real que va desde el Cuzco a Lima, el cual tiene un puente colgado de cuerdas de ochenta varas de largo y tres de ancho, que toma su nombre, por donde pasan las personas y caballerías cargadas. Es tal vez el que ha servido de modelo para los puentes suspendidos que vemos construir actualmente en Europa, a diferencia que éstos son de fierro, y aquél de sogas hechas de bejuco. Otro igual, aunque no tan grande, hay en Andahuailas, y otro en Cañete, a veintitrés leguas de Lima, en la costa del Sur.»

[186] Vallbona añade: «y se fueron».

por eso hasta allí me acompañaron aquellos mis camaradas. De allí se volvieron y proseguí mi camino. Llegué a Andahuailas; topéme luego con el corregidor, el cual, muy afable y muy cortés, se me ofreció con su casa y me convidó a comer; yo no ace[p]té, porque me recelé de tanto comedimiento, y partí.

Llegué a la ciudad de Guancavélica, apeéme en un mesón, estúveme un par de días viendo el lugar. Lleguéme a una plazuela que está junto al cerro del azogue[187]. Estaba allí el doctor Solórzano, alcalde de corte de Lima[188], tomando residencia al gobernador don Pedro Osorio[189]. Vide que llegó a él un alguacil, que supe después llamarse Pedro Xuárez, y él volvió el rostro y me miró, y sacó un papel y mirólo, y volvióme a mirar, y vi luego partir el alguacil y un negro hacia[190] mí. Yo me quité de allí como sin cuidado, y con mucho; cuando a poco andado pasa delante el alguacil y quítame el sombrero y yo a él, y llega el negro por detrás y áseme de la capa. Yo suéltosela y saco la espada y una pistola, y embístenme los dos con espadas. Decerrajo[191] y derribo al alguacil; tírole al negro, y en breve cae de estocadas; parto y encuentro a un Indio que traía de diestro un caballo, que supe después ser del alcalde; quítoselo y monto, y parto de allí a Guamanga, distante catorce leguas.

---

[187] Ferrer: «Llámase así por su famoso mineral de este metal, único en toda aquella América: el cual se ha explotado, durante algunos años, por cuenta del gobierno, sin que sus productos hayan respondido a las lisonjeras esperanzas que en diferentes épocas se habían concebido, dando lugar a causas ruidosísimas contra los manipulantes, que más de una vez han abusado de la confianza pública depositada en ellos.»

[188] Se trata de Juan de Solórzano Pereyra (1575-1655).Vallbona dice de él, entre otras cosas, las siguientes: «Jurista que estudió en la Universidad de Salamanca donde regentó cátedra. Fue nombrado oidor de la Audiencia de Lima (1609). Entre septiembre de 1616 y diciembre de 1618 se sabe que visitó las minas de Guancavélica debido a las quejas motivadas por la administración de Pedro Ozores de Ulloa. De regreso a España ocupó el puesto de fiscal y oidor del Consejo de Indias (1628). Su obra principal se titula *Política Indiana*.»

[189] Es el mismo Pedro Ozores de Ulloa de la nota anterior (1554-1624). Llegó a América tras participar en la batalla de Lepanto y ser cautivo en Argel. Fue corregidor en La Plata, Potosí y Guancavélica, donde abusó, por avaricia, de su poder. Gobernador en Chile de 1621 a 1624.

[190] Tanto Vallbona como Ferrer: «acia».

[191] Descerrajo, es decir, disparo. Vallbona: «Deserrajo.»

Pasado el río de Balsas[192] me desmonté a descansar un poco el caballo, y estando así veo llegar al río tres hombres a caballo, que lo vadean hasta la mitad. No sé qué me dio el corazón, y preguntéles[193]: —¿A dónde bueno, caballeros?—. Díceme uno: —Señor capitán, a prender a usted—. Saqué mis armas, previne dos pistolas, y dije: —Prenderme vivo no podrá ser; primero me han de matar y luego prenderme—; y acerquéme a la orilla. Dijo otro: —Señor capitán, somos mandados, y no pudimos excusar venir, pero con usted no queremos más que servirle—, y esto parados en medio del río. Yo estiméles el buen término; púseles sobre una piedra tres doblones y monté, y con muchas cortesías partí a mi camino para Guamanga[194].

---

[192] Vallbona: «Valzas.»
[193] Vallbona: «Pregúntoles.»
[194] Ferrer: «No se comprende por qué, para ir del Cuzco a Guamanga, fue primero a Guancavélica, para volver a desandar más de veinticinco leguas de camino, a no ser que huyendo del camino real por temor de ser perseguido de la justicia, diese este rodeo por Cangallo y la provincia de Angaraez, en cuyo caso tuvo que hacer doble camino más del que hemos notado.»

Capítulo XX

Entra en Guamanga, y lo que allí le sucedió hasta descubrirse al señor obispo

Entré en Guamanga, fuíme a una posada. Halléme allí un soldado pasajero que se aficionó al caballo, y vendíselo en doscientos pesos. Salí a ver la ciudad, parecióme bien, y de buenos edificios, los mejores que vide en el Perú; Vide tres conventos, de franciscos, mercenarios, y dominicos; y uno de monjas, y un hospital; muchísimos vecinos Indios, y muchos Españoles; bello temple de tierra, fundada en un llano, sin frío ni calor; de grande cosecha de trigo, vino, frutas y semillas; buena iglesia, con tres dignidades y dos canónigos, y un santo obispo fraile agustino, don fray Agustín de Carvajal[195], que fue mi remedio, aunque[196] faltó, muriendo de repente el año veinte, y decían que lo había sido allí desde el año de doce.

Estuve allí unos días, y quiso mi desgracia que me entré unas veces en una casa de juego, donde estando un día entró el corregidor Don Baltasar de Quiñones, y mirándome y desconociéndome, me preguntó de dónde era. Dije que vizcaíno. Dijo: —¿De dónde viene ahora?— Dije: —Del Cuzco—.

---

[195] Ferrer: «Don fray Agustín de Carvajal, del orden de san Agustín, natural de Cáceres en Extremadura, había sido prior de su convento en Valladolid, y asistente general de su orden. Fue promovido de la iglesia de Panamá a la de Guamanga en el año de 1611, y falleció en ella en el de 1620. Alcedo, *Diccionario Geográfico de América.*»

[196] En Vallbona se dice «me faltó», dándole una carga emotiva evidente.

Suspendióse un poco mirándome, y dijo: —Sea preso[197]—. Dije: —De buena gana—, y saqué la espada, retirándome a la puerta. Él dio voces pidiendo favor al rey. Hallé en la puerta tal resistencia, que no pude salir. Saqué una pistola de tres bocas y salí, y desaparecíme entrándome en casa de un amigo, que ya me había hallado. Partió el corregidor, y embargóme la mula y no sé qué cosillas que tenía en la posada.

Estúveme allí unos días, habiendo descubierto que aquel amigo era vizcaíno, y entre tanto no sonaba ruido del caso, ni se sentía que la justicia tratase de ello; pero todavía nos pareció ser forzoso mudar tierra, pues tenía allí lo mismo que en otra parte. Resuelto en ello, salí un día a boca de noche, y a breve rato quiere mi desgracia que topo con dos alguaciles. Pregúntanme: —¿Qué gente?—, y respondo: —Amigos—. Pídenme el nombre, y digo: —El diablo—, que no debí decir. Vanme a echar mano. Saco la espada, y ármase un gran ruido. Ellos dan voces diciendo: —Favor a la justicia—. Va acudiendo gente, sale el corregidor que estaba en casa del obispo, avánzanme más ministros; hállome afligido, y disparo una pistola, y derribo a uno. Crece más el empeño, hállome al lado aquel Vizcaíno mi amigo y otros paisanos con él. Daba voces el corregidor, que me matasen. Sonaron muchos traquidos de ambas partes. Salió el obispo con cuatro hachas y entróse por medio, encaminólo hacia mí su secretario Juan Bautista de Arteaga. Llegó y díjome: —Señor alférez, déme las armas—. Dije: —Señor, aquí hay muchos contrarios—. Dijo: —Démelas que seguro está conmigo, y le doy palabra de sacarle a salvo aunque me cueste cuanto soy. Dije: —Señor ilustrísimo, en estando en la iglesia besaré los pies a V.S. ilustrísima—. En esto me acometen cuatro esclavos del corregidor, y me aprietan tirándome ferozmente sin respeto a la presencia de su ilustrísima, de modo que defendiéndome, hube de entrar la mano y derribar a uno. Acudióme el secretario del señor obispo con espada y broquel, con otros de la familia dan-

---

[197] Ferrer: «Sin duda sería porque tendría contra la Monja Alférez, que hasta entonces era conocida bajo el nombre del alférez Alonso Díaz Ramírez de Guzmán, alguna requisitoria de la Justicia del Cuzco, a consecuencia de haber sabido de su fuga.»

do muchas voces, ponderando el desacato en presencia de su ilustrísima, y cesó algo la puja. Asióme su ilustrísima por el brazo, quitóme las armas, y poniéndome a su lado, me llevó consigo, y entróme en su casa. Hízome luego curar una pequeña herida que llevaba, y mandóme dar de cenar y recoger, cerrándome con llave que se llevó. Vino luego el corregidor, y hubo su ilustrísima larga conversación y altercaciones sobre esto con él, lo cual después por mayor entendí.

A la mañana, como a las diez, su ilustrísima me hizo llevar a su presencia, y me preguntó quién era, y de dónde, hijo de quién, y todo el curso de mi vida, y causas y caminos por donde vine a parar allí, y fue en esto desmenuzando tanto, mezclando buenos consejos, y los riesgos de la vida, y espantos de la muerte y contingencias de ella, y el asombro de la otra si no me cogía bien apercibido, procurándome sosegar y reducir a aquietarme, y arrodillarme a Dios, que yo me puse tamañito; y descúbrome viéndolo tan santo varón, y pareciendo estar yo en la presencia de Dios, y dígole: —Señor, todo esto que he referido a V.S. ilustrísima no es así; la verdad es ésta: que soy mujer, que nací en tal parte, hija de fulano y sutana; que me entraron de tal edad en tal convento, con fulana mi tía; que allí me crié; que tomé el hábito; que tuve noviciado; que estando para profesar, por tal ocasión me salí; que me fui a tal parte, me desnudé, me vestí, me corté el cabello; partí allá y acullá; me embarqué, aporté, trajiné, maté, herí, maleé; correteé, hasta venir a parar en lo presente, y a los pies de su señoría ilustrísima[198].

El santo señor entre tanto que esta relación duró, que fue hasta la una, se estuvo suspenso, sin hablar ni pestañear, escuchándome; y después que acabé, se quedó también sin hablar, y llorando a lágrima viva. Después me envió a descansar y a comer. Tocó una campanilla, hizo venir a un capellán anciano, y envíame[199] a su oratorio, y allí me pusieron la mesa y un trasportín, y me encerraron y me acosté y dormí[200]. A la

---

[198] Ferrer: «Estos últimos pocos renglones de la Monja Alférez, escritos con suma facilidad y gracia, son un verdadero epílogo de su vida, reducido a la menor expresión posible.»

[199] En Vallbona: «embióme».

[200] En Vallbona: «i allí me pusieron la mesa i me cerraron, i un trasportín, en que me acosté i dormí».

tarde, como a las cuatro, me volvió a llamar el señor obispo, y me habló con gran bondad de espíritu, conduciéndome a dar muchas gracias a Dios por la merced usada conmigo, dándome a ver el camino perdido que llevaba derecho a las penas eternas; exhortóme a recorrer mi vida, y hacer una buena confesión, pues ya por lo más la tenía hecha, y me sería fácil, y después ayudaría Dios para que viésemos lo que se debía hacer; y en esto y en cosas ocurrentes se acabó la tarde. Retiréme, diéronme bien de cenar, y acostéme.

A la mañana siguiente dijo misa el señor obispo; yo la oí, después dio gracias. Retiróse a un desayuno, y llevóme consigo. Fue moviendo y siguiendo su discurso, y vino a decir que tenía éste por el caso más notable en este género que había oído en su vida, y remató diciendo: —¿En fin, esto es así? —. Dije: —Sí señor—. Replicó: —No se espante que inquiete la credulidad su rareza—. Dije: —Señor, es así, y si quiere salir de duda V. S. ilustrísima por experiencia de matronas, yo llana estoy[201]. Dijo: —Pues vengo en ello, y conténtame oírlo—. Y retiréme por ser hora del despacho. A medio día comí, después reposé un rato. A la tarde, como a las cuatro, entraron dos matronas y me miraron y se satisficieron[202], y declararon después ante el obispo con juramento, haberme visto y reconocido cuanto fue menester para certificarse y haberme hallado virgen intacta, como el día en que nací. Su ilustrísima se enterneció, y despidió a las comadres, y me hizo comparecer, y delante del capellán, que vino conmigo, me abrazó enternecido, y en pie, y me dijo: —Hija, ahora creo sin duda lo que me dijisteis, y creeré en adelante cuanto me dijereis; y os venero como una de las personas notables de este mundo, y os prometo asistiros en cuanto pueda y cuidar de vuestra conveniencia y del servicio de Dios—. Mandóme poner cuarto decente y estuve en él con comodidad y ajustando mi confesión, la cual hice en cuanto pude bien, y después su ilustrísima me dio la comunión. Parece que el caso se divulgó, y era inmenso el concurso que allí acudió, sin poderse excusar la entrada a personajes, por más que yo lo sentía, y su ilustrísima también.

---

[201] Vuelve al femenino, también en la versión de Ferrer, por razones obvias, y lo mantiene mientras sigue actuando y vistiendo como mujer.

[202] En Ferrer: «se satisficieron».

En fin, pasados seis días acordó su ilustrísima entrarme en el convento de monjas de santa Clara de Guamanga, que allí de religiosas no hay otro[203]. Púsome el hábito. Salió su ilustrísima de casa llevándome a su lado con un concurso tan grande, que no hubo de quedar persona alguna en la ciudad que no viniese, de suerte que se tardó mucho en llegar allá. Llegamos finalmente a la portería, porque a la iglesia, donde pensaba su ilustrísima antes entrar, no fue posible, porque entendido así, se había llenado. Estaba allí todo el convento con velas encendidas. Otorgóse allí por la abadesa y ancianas, una escritura en que prometía el convento volverme a entregar a su ilustrísima o prelado sucesor, cada vez que me pidiesen. Abrazóme su ilustrísima, y echóme su bendición y entré. Lleváronme al coro en procesión, hice oración allí. Besé la mano a la señora abadesa, fui abrazando y fuéronme abrazando las monjas, y lleváronme a un locutorio donde su ilustrísima me estaba esperando. Allí me dio buenos consejos, y exhortó a ser buena cristiana, y dar gracias a nuestro señor[204], y frecuentar los sacramentos, ofreciéndose su ilustrísima a venir a ello, como vino muchas veces, y ofrecióme largamente todo cuanto hubiese menester, y se fue. Corrió la noticia de este suceso por todas partes, y los que antes me vieron, y los que antes y después supieron mis cosas se maravillaron en todas las Indias. Dentro de cinco meses, año de 1620, repentinamente se quedó muerto mi santo obispo, que me hizo gran falta[205].

---

[203] Ferrer: «Posteriormente a esta época deben haberse aumentado los conventos, pues después de enumerar Alcedo los de religiosos de santo Domingo, san Francisco, san Agustín, la Merced, san Juan de Dios y el colegio que fue de los jesuitas, cuenta dos monasterios de monjas, uno de santa Clara y otro de carmelitas.»

[204] En Vallbona con mayúscula.

[205] En la versión de Ferrer aquí termina el capítulo XX. En la de Vallbona el capítulo XX es el último. A partir de este momento, en ésa versión habrá subtítulos para cada sección o aventura, un total de 11. El que viene a continuación en la edición de Vallbona coincide con la primera parte del XXI de Ferrer. Nosotros hemos continuado la división en capítulos de Ferrer. Ni el contenido ni la forma de expresarlo —con las excepciones ya indicadas— varía de una versión a otra: la única diferencia es la separación entre las partes.

Capítulo XXI

Pasa de Guamanga a Lima, por mandado del señor arzobispo, en hábito de monja, y entra en el convento de la Trinidad. Sale de allí, vuelve a Guamanga, y continúa para Santa Fe de Bogotá y Tenerife

Muerto el ilustrísimo de Guamanga, luego en breve envió por mí el metropolitano arzobispo de Lima, el ilustrísimo señor don Bartolomé Lobo Guerrero, que diz que lo era el año 1607, y murió en 12 de enero de 1622[206]. Entregáronme las monjas con mucho sentimiento; fui en una litera, acompañada de seis clérigos, cuatro religiosos, y seis hombres de espada[207].

Entramos en Lima ya de noche, y sin embargo ya no podíamos valernos de tanta gente curiosa que venía a ver a la Monja Alférez. Apeáronme en casa del señor arzobispo, viéndome en las hieles para entrar. Besé la mano a su ilustrísima, regalóme mucho y hospedéme allí aquella noche. La mañana siguiente me llevaron a Palacio a ver al virrey don Francisco de Borja, conde de Mayalde, príncipe de Esquilache[208], que asis-

---

[206] Ferrer: «Fue este señor el cuarto arzobispo de Lima, natural de la ciudad de Ronda en Andalucía. Director del colegio de Santa María de Sevilla, salió para fiscal e inquisidor de México; pasó a arzobispo de Santa Fe del Nuevo reino de Granada, y fue promovido a Lima el año de 1609, donde gobernó doce años, y falleció en 1622. Alcedo, *Dicc. Geog. De Amér.*»

[207] Tras este punto y aparte comienza una nueva sección del capítulo XX en Vallbona, titulada: «Entra en Lima en el Convento de la Trinidad de Bernardas.»

[208] Organizó la defensa de la costa, tan asediada por la piratería. Intentó que las leyes relativas a repartimientos fueran favorables a los indígenas, creó

tió allí desde el año de 1615 hasta 1622, y comí aquel día en su casa. A la noche volví a la del señor arzobispo, donde tuve buena cena y cuarto acomodado.

Díjome su ilustrísima el día siguiente, que viese y eligiese el convento donde quisiese estar. Yo le pedí licencia para verlos todos y concediómela, y fui entrando y viéndolos todos, y estándome cuatro o cinco días en cada uno. Finalmente vine a elegir el de la santísima trinidad[209], que es de comendadoras de San Bernardo, gran convento que sustenta cien religiosas de velo negro, cincuenta de velo blanco, diez novicias, diez donadas y diez y seis criadas[210]. Allí me estuve cabales dos años y cinco meses, hasta que volvió de España razón bastante de cómo no era yo ni había sido monja profesa; con lo cual se me prometió salir del convento, con sentimiento común de todas las monjas, y me puse en camino para España[211].

Partí luego a Guamanga a ver y despedirme de aquellas señoras del convento de Santa Clara, las cuales me detuvieron allí ocho días, con muchos agrados y regalos y lágrimas a la partida. Proseguí mi viaje a Santa Fe de Bogotá, en el Nuevo reino de Granada; vide al señor obispo don Julián de Cortázar[212], el

---

en Lima un colegio para la educación de indios nobles, y en Cuzco otro para hijos de conquistadores. Impulsó la creación literaria reuniendo a intelectuales y poetas en su entorno.

[209] En Vallbona con mayúscula.

[210] Ferrer: «No es éste, a pesar del número de religiosas, novicias, donadas y criadas que se refieren, el mayor de los de su clase, entre los catorce de diferentes órdenes que se cuentan hoy en aquella ciudad. Generalmente están dentro de una gran cerca de paredes que dan a cuatro calles, con un espacioso jardín en el centro, alrededor del cual tiene cada monja su casita, en la que vive con su criada. Tal vez el temor de los temblores que allí son tan comunes, les ha hecho adoptar este modo de vivir, para evitar el riesgo que correrían tantas personas juntas, encerradas en un solo edificio.»

[211] Nueva sección en Vallbona, a partir de este punto y aparte, con el título: «Parte de Lima a Guamanga, a Santa Fee de Bogotá, a Tenerife, Cartagena, y a España.»

[212] Ferrer: «Este arzobispo es el undécimo que se cuenta en esta metropolitana. Fue natural de Durango en España. Ignoramos el año que fue promovido a esta silla, porque no es probable lo fuese en 1626, como supone Alcedo en su Diccionario Geográfico de América: ni tampoco hubiese sido antes, como afirma, obispo de Tucumán, en cuya lista no se encuentra. Sólo sabemos que falleció en Santa Fe de Bogotá el año de 1630.»

cual me instó mucho a que me quedase allí en convento de mi orden. Yo le dije que no tenía yo orden ni religión, y que trataba de volverme a mi patria, donde haría lo que pareciese más conveniente[213] para mi salvación. Y con esto y con un buen regalo que me hizo, me despedí. Pasé a Zaragoza por el río de la Magdalena arriba. Caí allí enferma, y me pareció mala tierra para Españoles, y llegué a punto de muerte; y después de unos días convaleciendo algo, antes de poderme tener, me hizo un médico partir, y salí por el río, y fuime a Tenerife[214], donde en breve me recobré.

[213] En Vallbona: «convenirme».
[214] Ferrer: «Villa de la provincia y gobierno de Santa María en la orilla oriental del río grande de la Magdalena.»

Capítulo XXII

Embárcase en Tenerife y pasa a Cartagena, y de aquí parte para España en la flota[215]

Allí, hallándose[216] la armada del general Tomás de Larraspuru[217] de partida para España, me embarqué en su Capitana, año de 1624, donde me recibió con mucho agrado, y me regaló y sentó a su mesa, y me trató así hasta pasadas doscientas leguas más acá del canal de Bahama. Allí un día en el juego se armó una reyerta, en que hube de dar a uno un arachuelo[218] en la cara con un cuchillejo que tenía allí, y resultó mucha inquietud; y el general se vio obligado a apartarme de allí, y pasarme a la Almiranta, donde yo tenía paisanos. Yo de eso no gusté, y pedíle paso al patache San Telmo, capitán An-

---

[215] En Vallbona comienza una nueva sección del capítulo XX, titulado «Embarquéme i pasé a Cartagena» que, como se observa, es la primera y única vez en que aparece en primera persona. En Ferrer mantiene la tercera persona.

[216] En Vallbona: «hallándome».

[217] En Vallbona: «Raspuru.» En otros documentos, Larrazpuru o la Raspur. Como bien anota Vallbona, Roslyn Frank piensa que por este particular, puede demostrarse que Catalina no escribió el manuscrito que no escriba «Larraspuru» o «Larrazpuru», pues para un vascuence que conoce el lugar y la lengua, esos apellidos son lo suficientemente familiares para no errar o vacilar en su ortografía.

[218] En algunas ediciones aparece como «arrechucho» (no en Vallbona), pero parece que se refiere a un rasguño que se produce con un instrumento puntiagudo, como anota escuetamente Ferrer.

drés de Otón, que venía por Aviso[219], y pasóme[220]; pero pasóse trabajo, porque hacía agua, y nos vimos en peligro de anegarnos.

Gracias a Dios llegamos a Cádiz en primero de noviembre de 1624. Desembarcamos, y estuve allí ocho días. Hízome allí mucha merced el señor don Fadrique de Toledo, general de la armada, y teniendo allí en su servicio dos hermanos míos, que allí conocí, y le di a conocer, les hizo de allí adelante por me honrar mucho favor, teniendo el uno consigo en su servicio, y dándole una bandera al otro.

---

[219] Ferrer: «Llamábanse Avisos en la carrera de Indias las embarcaciones ligeras destinadas a llevar o traer pliegos del real servicio, y teníanlos las flotas que venían de América, para despacharlos al gobierno desde cierta altura, antes de llegar a las costas de Europa, a efecto de avisar su próxima recalada, por si gustaba mandar a su encuentro fuerzas navales que las protegieran.»

[220] En Vallbona: «paséme».

Capítulo **XXIII**

Parte de Cádiz a Sevilla, de Sevilla a Madrid, a Pamplona y a Roma;
pero habiendo sido robada en el Piamonte, vuelve a España[221]

De Cádiz me fui a Sevilla, y estuve allí quince días, escondiéndome cuanto pude, huyendo del concurso que acudía a verme vestida en hábito de hombre. De allí pasé a Madrid, y estuve allí veinte días sin descubrirme. Allí me prendieron por mandado del vicario, no sé por qué, e hízome luego soltar el conde de Olivares. Acomodéme allí con el conde de Javier, que partía para Pamplona, y fui y le asistí cosa de dos meses[222].

De Pamplona, dejando al conde de Javier, partí a Roma por ser el año santo del grande jubileo. Tomé[223] por Francia mi camino, y pasé grandes trabajos, porque pasando el Piamonte, y llegando a Turín, achacándome ser espía de España, me prendieron, quitándome el poco dinero y vestidos que llevaba, y me tuvieron en prisión cincuenta días[224], al cabo de los cuales, hechas, presumo por ellos, sus diligencias, y no resultando cosa contra mí, me soltaron, pero no me dejaron proseguir mi camino que llevaba, mandándome volver atrás,

---

[221] En Vallbona comienza aquí una nueva sección, titulada: «Parte de Cádiz a Sevilla, de Sevilla a Madrid, de allí a Pamplona.»

[222] En el párrafo siguiente comienza una nueva sección en Vallbona: «Parte de Pamplona para Roma año de 1625, préndenlo en el Piamonte, llévanlo a Turín, buelve a España.»

[223] En Vallbona: «Formé.»

[224] Ferrer: «En su memorial al rey dice catorce días. Puede tal vez ser este otro de los muchos errores del copista.»

[so][225] pena de galeras; con que hube de volverme con mucho trabajo, pobre, a pie y mendigando. Llegué a Tolosa de Francia, presentéme ante el conde de Agramonte, virrey de Pau, gobernador de Bayona, para el cual a la ida yo había traído y entregado cartas de España, el cual buen caballero, en viéndome, se condolió, y me mandó vestir, y me regaló, y me dio para el camino cien escudos y un caballo, y partí[226].

Víneme[227] a Madrid, presentéme ante S. M.[228] suplicándole me premiase mis servicios, que expresé en un memorial que puse en su real[229] mano. Remitióme S. M. al consejo de Indias: allí acudí y presenté los papeles que me habían quedado de la derrota. Viéronme[230] aquellos señores, y favoreciéndome, con consulta de S. M., me señaló ochocientos escudos de renta por mi vida, que fueron poco menos de lo que yo pedí. Lo cual fue en el mes de agosto de 1625[231]. Sucediéronme entre tanto en la corte algunas cosas, que por leves aquí omito. Partió poco después S. M. para las Cortes de Aragón, y llegó a Zaragoza a los principios de enero de 1626.

---

[225] En la versión de Ferrer no aparece «so», pero Vallbona lo introduce entre corchetes, al parecer lógica su inclusión en ese contexto.

[226] Ferrer: «Este señor tan generoso era Antonio de Aura, conde de Gramont, de Guichen y Luvigni, vizconde de Asté, caballero de las órdenes de Santo Espíritu y de San Miguel, virrey de Navarra, y gobernador y alcalde perpetuo por juro de heredad, de la ciudad de Bayona de Francia. Fue hijo de Filiberto, conde de Gramont, y de la hermosa Corizandra de Andoyns: la cual tuvo con el rey Enrique IV amores bastante decantados. Dicho conde Antonio nació hacia el año de 1570, y falleció en agosto de 1643. Luis XIV le agració con el título de duque y par de Francia, en tiempo en que esta dignidad era más rara que la presente, y reputada en esta nación, como en la nuestra la grandeza de España de primera clase: si bien siempre se ha considerado esta última una dignidad superior a aquélla.»

[227] Aquí comienza una nueva sección en Vallbona: «Llega a Madrid, forma su pretensión i la consigue.»

[228] En Vallbona: «su Magestad».

[229] Vallbona omite esta palabra.

[230] En Vallbona: «Viéronlos.»

[231] Ferrer: «En el expediente original que se halla en el archivo de Indias de Sevilla, promovido a resultas del memorial que aquí expresa, consta que el consejo de Indias evacuó su consulta a S. M. en 19 de febrero de 1626, según se puede ver en dicho documento (...). Así que doña Catalina quiso decir aquí, que el memorial fue presentado al rey y remitido por S. M. al consejo en agosto de 1625, puesto que no fue despachado definitivamente sino en el mes de febrero del año siguiente de 1626.»

Capítulo XXIV

Parte de Madrid a Barcelona[232]

Púseme en camino para Barcelona con otros tres amigos que partían para allá. Llegamos a Lérida, reposamos allí un poco, y proseguimos nuestro camino el jueves santo[233] por la tarde. Llegando un poco antes de Velpuche, como a las cuatro de la tarde, bien contentos y ajenos de azar, de una vuelta y breñal al lado derecho del camino, nos salen de repente nueve hombres, con sus escopetas, los gatos levantados, y nos cercan y mandan apear. No pudimos[234] hacer otra cosa, teniendo a merced apearnos vivos. Desmontamos, quitáronnos las armas y los caballos, y los vestidos y cuanto llevábamos, sin dejarnos más que los papeles, que les pedimos de merced, y viéndolos nos los dieron, sin dejar otra hilacha.

Proseguimos nuestro camino a pie, desnudos, avergonzados, y entramos en Barcelona el sábado santo[235] de 1626, en la noche, sin saber, a lo menos yo, qué hacer. Mis compañeros tiraron no sé por dónde, a buscar su remedio; yo, por allí de casa en casa plageando mi robo, adquirí unos malos trapajos, y una mala capilla con que cubrirme. Acogíme, entrada más la noche, debajo de un portal, donde hallé[236] tendidos

---

[232] La sección que comienza aquí en Vallbona tiene el mismo título que este capítulo.

[233] En Vallbona mayúscula.

[234] Vallbona mantiene la forma correcta, Ferrer escribe «podimos».

[235] En Vallbona mayúscula.

[236] En Vallbona: «estaban».

otros miserables, y llegué a entender[237] que estaba el rey allí, y que estaba allí en su servicio el marqués de Montes-Claros, buen caballero y caritativo, a quien conocí y hablé en Madrid[238]. A la mañana me fui a él, y contéle mi fracaso, y dolióse de verme, y luego me mandó vestir, e hízome entrar a S. M. agenciándome el buen caballero la ocasión.

Entré y referí a S. M. mi suceso como me pasó. Escuchóme y dijo: —¿Pues cómo os dejasteis vos robar?[239]— Respondí: —Señor, no pude más—. Preguntóme: —¿Cuántos eran?— Dije: —Señor, nueve con escopetas, altos los gatos, que nos cogieron de repente al pasar una breña—. Mostró S. M. con la mano querer el memorial. Besésela, y púseselo en ella[240], y dijo S. M.: —Yo lo veré—. Estaba entonces S. M. en pie, y fuese. Yo me salí, y en breve hallé el despacho, en que mandaba S. M. darme cuatro raciones de alférez reformado, y treinta ducados de ayuda de costa. Con lo cual me despedí del marqués de Montes-Claros, a quien tanto debí, y embarquéme en la galera San Martín, la nueva de Sicilia, que de allí partía para Génova.

---

[237] En Vallbona: «donde llego a entender».
[238] Ferrer: «También debió haberle conocido en Lima de virrey, puesto que lo nombra en otra parte, a no ser que hubiese fallecido ya y fuese este su sucesor inmediato.»
[239] En Vallbona aparecen signos de admiración.
[240] En Vallbona: «Besélo i púselo en ella.»

Capítulo XXV

Parte de Barcelona a Génova, y de allí a Roma[241]

Partidos[242] de Barcelona en la galera, llegamos en breve a Génova, donde estuvimos quince días. En ellos una mañana se me ofreció ver a Pedro de Chavarría, del hábito de Santiago, veedor general, y fui a su casa. Parece que era temprano, y no había abierto. Andúveme por allí haciendo hora. Sentéme en una peña a la puerta del príncipe Doria, y estando allí, llegó también y sentóse un hombre bien vestido, soldado galán, con una gran cabellera, que conocí en el habla ser Italiano. Saludámonos y trabamos conversación, y luego me dijo: —Usted Español es—. Díjele que sí; díjome: —Según eso será soberbio usted, que los Españoles lo son, y arrogantes, aunque no de tantas manos como blasonan—. Dije: —Yo a todos los veo muy hombres para todo cuanto se ofrece—. Dijo: —Yo los veo a todos que son una *merda*—. Dije, levantándome: —No hable usted de ese modo, que el más triste Español es mejor que el mejor Italiano—. Dijo: —¿Sustentará lo que dice?— Dije: —Sí haré—. Dijo: —Pues sea luego—. Dije: —Sea—, y salimos[243] tras unas arcas de agua allí cerca, y él tras mí. Sacamos las espadas y empezámonos a tirar, y en

---

[241] En Vallbona comienza otra sección, titulada «Parte de Barcelona a Génova».

[242] En Vallbona: «Partido.»

[243] En Vallbona: «salíme».

esto veo a otro que se pone a su lado. Ambos jugaron[244] de cuchillada, yo de punta. Entréle al Italiano una estocada, de que cayó. Quedábame el otro e íbalo retirando. Llegó en esto un hombre cojo con buen brío y púsose a su lado, que debía de ser su amigo, y apretábame[245]. Vino otro y púsose al mío, quizá por verme[246] solo, que no lo conocí. Acudieron tantos, que se hubo de confundir la cosa, de suerte que buenamente, sin que nadie me entendiese, me retiré y me fui a la galera, y no supe del caso más. Allí me curé de una leve herida en una mano. Estaba entonces en Génova el marqués de Santa Cruz[247].

Partí[248] de Génova a Roma. Besé el pie a la santidad de Urbano VIII, referíle en breve, y lo mejor que supe, mi vida y corridas, mi sexo y virginidad; y mostró su santidad[249] extrañar tal caso, y con afabilidad me concedió licencia para proseguir mi vida en hábito de hombre, encargándome la prosecución honesta en adelante, y la abstinencia en ofender al prójimo, temiendo la *ulción*[250] de Dios sobre su mandamiento *non occides*, y volvíme. Hízose el caso allí notorio, y fue notable el concurso de que me vide cercado, de personajes, príncipes, obispos, cardenales, y el lugar que me hallé abierto donde quería, de suerte que en mes y medio que estuve en Roma, fue raro el día en que no fuese convidado y regalado

---

244 En Vallbona: «jugaban».

245 En Vallbona: «apretábanme».

246 En Vallbona: «ver».

247 Ferrer: «Teniendo el duque de Saboya, según el historiador Sabau y Blanco, en el año de 1625, ya conquistado todo el estado de Génova, no quedando a la república sino la capital y la plaza de Savona: no hallando por otra parte el senado quien le prestase dinero, y viendo reducida su causa a un estado desesperado, la España, por impedir el engrandecimiento de este príncipe, resolvió emplear una gran parte de sus fuerzas, con las cuales y muchos socorros entró el marqués de Santa Cruz en Génova con una poderosa escuadra, con la cual obligó a la que los Franceses tenían en aquel puerto a retirarse. Es con este motivo que se hallaba en Génova el año de 1626, cuando la Monja Alférez hace mención de él.»

248 En este párrafo comienza la penúltima sección del cap. XX en Vallbona: «Pasa de Génova a Roma.»

249 En Vallbona mayúscula.

250 Ferrer: «Voz tomada de la latina, *ultio*, que significa venganza.

de príncipes; y especialmente un viernes fui convidado y regalado por unos caballeros, por orden particular y encargo del senado romano[251], y me asentaron en un libro por ciudadano romano. Y el día de San Pedro, 29 de junio de 1626, me entraron en la capilla de san Pedro, donde vide los cardenales con las ceremonias que se acostumbran aquel día. Y todos, o los más, me mostraron notable agrado y caricia, y me hablaron muchos. Y a la tarde, hallándome en rueda con tres cardenales, me dijo uno de ellos, que fue el cardenal Magalón, que no tenía más falta que ser Español, a lo cual le dije: —A mí me parece, señor, debajo de la corrección de vuestra señoría ilustrísima, que no tengo otra cosa buena—.

---

[251] En Vallbona mayúscula.

Capítulo XXVI

De Roma viene a Nápoles[252]

Pasado mes y medio que estuve en Roma, me partí de allí para Nápoles, el día 5 de julio de 1626. Embarcamos en Ripa. En Nápoles, un día, paseándome en el muelle, reparé en las risadas de dos damiselas que parlaban con dos mozos, y me miraban. Y mirándolas, me dijo una: —Señora Catalina, ¿dónde es el camino?— Respondí: —Señoras p...[253] a darles a ustedes cien pescozadas, y cien cuchilladas a quien las quiera defender—. Callaron y se fueron de allí.

FIN

---

[252] Aquí comienza la última sección de Vallbona, con el mismo título del cap. XXVI de Ferrer.

[253] En Vallbona: «Señora puta.» En otras ediciones: «Señoras putas.»

Apéndices

*Relación prodigiosa de las grandes hazañas, y valerosos hechos que
vna muger hizo en quarenta años que sirvió a Su Majestad en el Reyno de Chile y otros del Perú, y Nueva España, en ávito de Soldado,
y los honrosos oficios militares que tubo armas, sin que fuesse conocida por tal muger, hasta que le fue fuerza el descubrirse.*

Si con justa razón son dignas de eterna memoria, y de perpetuo recuerdo las victorias y hazañas que los varones ilustres
alcançan en nombre de su Rey y Señor, y si con justo título
las corónicas eternizan su memoria y engrandecen sus hechos: estos Príncipes y ilustres varones, como tales, la naturaleza de sus personas y nobleza de su sangre, correspondiendo
al ser de tales varones, consiguen las victorias, ganan los pre-
mios y buela su fama; pero que vna muger, con apariencia de
hombre, siendo por naturaleza todas tan flacas y de ánimo
pusil, obrase tantos y tan varoniles hechos que para el más valiente soldado eran dignos de memoria, más es de admirar. Y
assí en este corto papel apuntaré lo que en el discurso del
tiempo que sirvió al Rey, Nuestro Señor, le sucedió, no pre-
tendiendo en esto minorar su honra (pues es digna de alaban-
ça) antes se atajan los discursos que de ella se hizieron a los
principios de su ausencia, con que quedan satisfechos sus padres, y manifiesta su honra, pues lo está tan entera como se
puede entender de semejante muger, que aviendo sido tan varonil, no avía de torcer por camino frágil con femíneas obras.

Son sus padres Vizcaynos de nación, vezinos y naturales de
la Villa de San Sebastián, nobles, y que gozaron los bienes
prósperos de fortuna; y entre otros hijos tuvieron esta hija, la
qual, siendo de edad suficiente, y con voluntad suya, la eligie-
ron para Monja, dedicándosela a Dios; la qual, después de

aver professado dize tuvo vn disgusto con otra Monja, que fue la causa para salirse; y en aquel año era Abadesa vna Tía suya, llamada Doña María de la Cruz, de cuya selda sacó las llaves del Convento vna noche, víspera de San Ioseph, estando, a cosa de la vna de la noche todas las Monjas en el coro en Maytines; y abriendo las puertas se salió del Convento, y no sabiendo dónde yrse, se metió en vn castañar, cerca del Convento, donde estubo ocho días, en los quales cortó de vna bazquiña de palio azul vnos calçones, y de vn faldellín verde, que traya debaxo, vna ropilla, y vnas polaynas, y esto con vnas tizeras, aguja y hilo que sacó, sin otra ninguna cosa, y en estos días no comió sino fueron mançanas; y se cortó el cabello lo mejor que pudo; y deste modo se fue de allí a la Ciudad de Vitoria, donde se acomodó con el Doctor Francisco de Peralta, Cathedrático de allí, casado con una prima hermana de su madre, donde le hizieron luego de vestir, sin que su tía la conociese. Estuvo aquí cosa de vn mes, y no pareciéndole bien la estancia, se concertó con vn Harriero la llebase a Valladolid, donde entonces estava la Corte, al qual le pagó con doze reales. Y aquí se acomodó por paje de don Juan de Idiáquez, Secretario de Su Magestad donde estubo tiempo de siete meses. En esta ocasión hazían sus padres grandes diligencias buscándola, y con todo secreto, vino a Valladolid, y se fue derecho a hospedar en casa del mesmo don Juan, por ser amigo suyo; y a boca de noche encontró a su padre en casa de su mesmo amo: por lo qual le fue fuerça salir de la Ciudad, temiendo ser conocida. Desde allí fue a Bilbao y estubo vn mes, y la mitad dél pressa en la cárcel, porque dio vna pedrada a vn moço Vizcayno. Luego que salió de la cárcel se fue al Reyno de Navarra, y Ciudad de Estrella, donde se acomodó por paje de Don Carlos de Arellano, Cavallero del ábito de Santiago, y estubo dos años en su servicio, y era el paje que más pribava con él, pues en este tiempo le cortaron catorze pares de vestidos. Desde donde se bolvió a su misma tierra, y estubo en ella ocho días, y que oyó muchas vezes missa delante de su madre, y otras vezes en el Convento de donde avía salido; y que por estar tan bien vestido en ábito de paje le solían llamar las Monjas, mas ella no se quería llegar cerca por no ser conocida. De allí se salió para el Puerto del

Pasage, que está vna legua, adonde halló al Capitán Miguel de Berroyz con vn galeón suyo y de partida para la Ciudad de Sevilla, a quien pidió la llebase en la Nao, y le dio por su persona quarenta reales, y en poco tiempo llegaron a Sanlúcar de Barrameda. Halló en la ciudad al Capitán Miguel de Chazarreta, natural de su tierra, que lo era entonces de vn patache de los galeones, de que era General don Luis Fajardo, con el qual se acomodó, y salieron de Sanlúcar vn Lunes Santo, llegando en salvamento a la Ciudad de Cartagena de las Indias, y de allí al Nombre de Dios, donde pidió licencia al Capitán para quedarse, y se la dio y acomodó con el Capitán Juan de Ybarra, factor de las Caxas Reales de Panamá, con quien estubo cinco meses, y por hazerle poca comodidad, procuró otro amo, q[ue] fue vn Mercader llamado Juan de Vrquiza, y estubo en su casa siete meses, y luego passó por su caxero a Truxillo el rico, ochenta leguas de allí hazia la Ciudad de Lima, y despachó en tres meses toda la ropa de su cargo; y luego su amo le puso vna tienda de sedas, en que le entregó ciento y quarenta mil reales de a ocho, y dos negros, y vna negra que la sirviessen, y una memoria de precios, a cómo avía de vender cada cosa. Y estando aquí de assiento, vn día de fiesta, queriendo oír vna comedia, tenía ya puesto su asiento, delante del qual puso el suyo vn valiente llamado Reyes, con el qual, sobre los asientos se trabó de palabra, y hablando mal el Reyes, se salió ella del corral y se fue a su tienda, de donde sacó vna caxa de dos cuchillos jiferos, y dándoselos a vn Barbero que se los afilasse y picasse el vno de ellos, y en aquel mesmo día se ciñó la primera espada, y en vna plaça estubo aguardando se acabase la Comedia, y acabada, vido salir al que aguardava, acompañado con otro amigo suyo, y, siguiéndolos a ambos, se llegó y con el cuchillo picado le dio vna cuchillada, y metiendo mano con ambos, los llebó por vna calle gran trecho, y le dio vna estocada al amigo del Reyes, que cayó por muerto, y entonces se fue huyendo a la Iglesia, y de ella le sacó el Corregidor, y le llebó a la cárcel, donde la tubo de cabeça en vn cepo, y muy apretada. Avisáronle a su amo, el qual vino y negoció con el Obispo pidiesse le volviessen a la Iglesia, como se hizo. Su amo, por quitar pesadumbres, ordenó quitar de allí la tienda y se fuese a vivir donde él estaba, donde se fue, y estubo tres meses, y al cabo de los quales, estando una noche pagando, por orden de su amo, veinte mil pesos, y estando ajustando las cuentas, ya de noche, salió vn Negro a la calle, y bolvió a entrar luego dentro diziendo que estaban a la puerta dos hombres con dos espadas desnudas y broqueles, y assí, por saber lo que era, y como estaba con cuydado de lo passado, salió fuera con el negro, y como la vieron los dos la embistieron, que eran el Reyes, y su amigo, y andubieron peleando gran rato; y salieron otra vez heridos los dos, y ella en vna mano. Y, visto esto, determinó no estar en la tierra, pidiendo licencia a su amo para yrse a Lima, el qual lo sintió mucho, y le dio mil y quinientos pesos para el camino, y cartas de favor. Llegó a la Ciudad de Lima, y al segundo día se acomodó con Diego de Olarte, Prior y Cónsul Mayor de los Mercaderes de Lima, y le puso vna tienda en la calle de los Mercaderes donde estubo algunos días. Después asentó plaça de soldado para Chile, en vna de tres Compañías que se lebantavan en la Ciudad, de que era Capitán D. Alonso Saravia, y dentro de veinte días llegaron al Puerto de la Concepción, Puerto de Chile adonde assiste el Governador, que lo era entonces Alonso de Ribera, y viendo que venía gente de socorro, salió el Secretario del Governador, que se llamava el Capitán Miguel de Araujo, hermano de padre y madre de la susodicha, y reciviendo la lista de la infantería, fue passando la muestra de todos los soldados, nombre y tierra de donde eran, y quando llegó a la contenida, preguntándole su nombre y tierra, dixo se llamava Francisco de Loyola, natural de la Villa de San Sebastián, y entonces la abraçó de contento porque era de su tierra, no porque la conocía hermana, y le preguntó luego por sus padres; y antes de todo esto, lo avía ella conocido. Y llevando plaça para el Fuerte de Arauco, y viendo que era el peor Fuerte, díxole su hermano que hablaría al Governador para que le borrase la plaça dél y se la asentasse en su Compañía, por ser de su tierra, y assí lo mandó luego, en donde sirvió tres años y comía en su mesa. Y vn día le pidió el hermano que no entrasse en casa de vna muger conocida suya, y ella no lo quiso hazer, que fue causa que sacassen las espadas, y pelearon gran rato, hasta que el Capitán Don Francisco de Ayllón los metió en paz, y entonces se retrujo por algunos días, temiendo el rigor del Governador, al qual aplacó su hermano con ruegos, con que fuesse desterrada a vn Fuerte, que llaman el Nacimiento, donde cada día estavan con las armas en las manos, por la gran multitud de Indios enemigos que avía, donde estuvo tres años, al cabo de los quales vino al Fuerte el Governador con todas las Compañías, y estuvieron alojados cinco mil y más infantes en la campaña rasa, adonde pasaron excesivos trabajos, y entonces tomaron la Villa de Valdivia los Indios, y la echaron por el suelo. Salió el Governador con su gente y les dio alcance, y pelearon por quatro vezes, y en esta ocasión peleó la muger valentíssimamente, y mató de su parte muchíssimos Indios, y trajo por los cabeçones preso a vn Indio Cazique, cabeça y Capitán de los demás, delante del governador, el qual, conocida su valentía, le dio la vandera de Alférez, porque avía muerto en aquella refriega el q[ue] lo era antes, y aquí le dieron dos heridas a ella, vna en el molledo del brazo derecho y otra en la espaldilla izquierda. Fue luego muy amiga de su hermano; mas, por la mesma moça de antes, se enemistaron, y en dos años no se hablaron, y cumplido el tiempo del cargo de Alférez, se quedó en la mesma Compañía, con título de Alférez reformado. Tuvo vna gran pendencia con vnos soldados, por donde el Governador la desterró al Fuerte de Arauco, donde estubo tres meses, y por la mala vida que passan, acordó de huirse con otros dos soldados por la cordillera de Tucumán, y salieron de noche con sus cavallos y arcabuzes, sin llevar qué comer sino sólo harina de cebada. Y como en el Fuerte se echaron menos, salieron en su busca vn Cavo de esquadra, y tres soldados, y les dieron alcance en la quebrada que llaman de los Diablos, donde se pusieron en arma vnos y otros, y mataron al Cavo de esquadra, y los tres que venían con él se fueron huyendo, y ellos se fueron su viaje, dexando los cavallos, porque no se podía pasar adelante con ellos, y començaron a continuar su camino con sus armas al ombro, y al cabo de tres días se quedó sola, por avérsele muerto del gran frío y nieves q[ue] haze en aquella tierra sus dos camaradas, y assí començó a caminar sola, sin saber por dónde yba, por la mucha nieve y no ser camino real, y al cabo de veinte y seis días se vio tan rendida de los fríos, y hambre, y tener las plantas de los pies corriendo sangre, por no tener çapatos, y echada debajo de vn árbol, bolvió el rostro y vido dos Indios a cavallo, y temiendo eran de guerra, cargó su arcabuz, y luego reconoció eran de paz, de que se holgó, y llegados los Indios, le dieron pan y carne fiambre, y preguntándoles qué tanto estava de allí el Pueblo, dixeron que sesenta leguas, pero que [a] tres leguas de allí estava vna estancia de su ama que allí podía yr a dormir y el vno le dio vn cavallo para que fuera; dize llegó de noche, adonde halló vna muger de muy gran caridad, y le dio vna camisa y de senar, y estubo allí ocho días, y al cabo salió en vn cavallo para el pueblo, y tardó en llegar diez días, el qual se llamava Governación de Tucumán, donde [se] encontró con el Secretario del Obispo, que le compró vn vestido y la llebó a su casa y la reparó de lo demás. Y estando en su casa Don Antonio de Cerbantes, Provisor y Canónigo de allí, trató de casar a vna sobrina suya con ella, y dándoles ella buenas esperanças del casamiento, le hizieron vn vestido terciopelado negro, y la que avía de ser novia le enbió doze camisas y seis pares de calçones de ruán de cofre y dos cuellos de olán, y una dozena de pañuelos, y en vna fuente grande dozientos reales de a ocho, esto sin lo que le prometieron de dar en dote. Todo lo qual recivió de buena voluntad, y comprando mulas, se salió del lugar a boca de noche con todo secreto la buelta del Potosí, en que tardó en el camino más de tres meses, por aver más de quinientas leguas de despoblado, en compañía de vn soldado, y en vnos vaños que están en el camino, les salieron tres hombres con monteras de reboço y escopetas, y pidiéndoles lo que llebava[n], se apearon de las mulas y les hizieron cara, y apuntándose con las escopetas, mataron los dos y ellos a su compañero, porque a vno de los ladrones no dio fuego la escopeta, por lo qual se quedó sola con el que avía quedado metiendo mano a la espada, y se huyó. Llegó a Potosí y se acomodó con Juan López de Arguijo, Veinte i quatro de las Barcas, por camarero suyo, que es como harriero, con salario cada año de mil y novecientos pesos de a ocho reales, y veinte y quatro cada semana, para comer, y le entregó doze mil carneros de la tierra y ochenta Indios, y partió con ellos a las Charcas por cargas, a donde tuvo con su amo vna pesadumbre, y, riñendo, le dio dos estocadas y lo dexó por muerto. De aquí se bolvió huyendo al Potosí do[n]de, dentro de pocos días fue el alçamiento de Alonso Ybañes; era Corregidor entonces don Rafael Ortiz, del ávito de San Juan, y entre los que salieron a prender [a] los alçados, que eran más de ciento, salió ella en compañía de la justicia, porque invocaba favor al Rey, y en la calle de Santo Domingo encontraron al dicho Ybañes, caudillo de los alçados, a quien preguntó la justicia: [¿]quién vive?, y por dos vezes no respondió, retirándose atrás, y preguntando el Teniente, [¿]quién vive? dixo: la livertad, respondiendo todos: viva el Rey. Aquí acometimos con gran denuedo, porque se le pusieron a su lado más de cinquenta que andavan en vna quadrilla, los llebaron a cuchilladas gran trecho disparando armas de fuego vnos, y otros, y certifica esta muger que tuvo debaxo de sus pies al dicho Ybañes, que lo conoció muy bien, y con la mucha tropa, y grita se le escapó, sin poderlo asir, mas que en lo angosto de vna calle se vieron los traidores tan apretados, por averlos atajado, que a su pesar se rindieron, donde fueron pressos treinta y seis, con el caudillo, que los demás avían huydo y muerto siete en esta refriega, y de los nuestros dos, y de ambas partes muchos heridos, a los quales dieron tormento y confessaron que aquella noche se querían alçar con la Ciudad. Armáronse luego tres Compañías de gente de Vizcaya y Montañeces, para guarda de la Ciudad, y, al cabo de quinze días, los sacaron a todos los del motín a ahorcar, con que quedó la Ciudad quieta, y ella premiada con oficio de Ayudante de Sargento mayor, el qual sirvió dos años, en que mostró bien su valor en muchas ocasiones.

Sucediéronle otras cosas admirables, que causan espanto, las quales se dirán en otro pliego, que seguirá a éste. Y lo que le sucedió por donde le forçó la necessidad a descubrirse que era muger, con que se libró de la horca.

CON LICENCIA, *en México,*
por la Viuda de Bernardo Calderón,
en la calle de San Agustín, Año de 1653.

Segunda parte de la relación de la Monja Alferes, y dízense en ella co-
sas admirables, y fidedignas de los valerosos hechos desta muger; de lo
bien que empleó el tiempo en servicio de nuestro Rey y señor.

No se oyrán en este papel cosas malsonantes, ni que causen desho-
nor, a la persona de quien van hablando, pues no es digna dél, antes
en su favor se dirán cosas loables, y dignas de eterna memoria.

Estando (como dixe en la Relación passada) en el Potosí,
donde hazía oficio esta muger de Ayudante de Sargento Mayor, se dio orden por el Governador Pedro de Leguí, Cavallero del Ábito de Santiago, se hiziesse gente para los Chunchos
y el Dorado, población de Indios de guerra, que está [a] quinientas leguas del Potosí, tierra muy rica de mucho oro y pedrería; dezíase el Maese de Campo Bartolomé de Álava, y
dentro de veinte días pusieron en execución su viage, y de
pueblo en pueblo levantando más gente, tardaron en esta jornada vn año, y llegaron a vn Pueblo llamado Arçaga de Indios de paz, donde estuvieron la[s] compañías alojadas ocho
días, hasta que formaron guías para el camino que les faltava;
començando a caminar, y aviendo perdido el camino, se vieron en muy grande aprieto sobre vnas laxas donde se despeñaron quinientas mulas cargadas de bastimentos y municiones, y doze hombres con ellas.

Dize, fueron entrando la tierra adentro, do[n]de se descubrieron en vnos llanados infinidad de almendros de España,
olivares, y otras muchas frutas de la tierra donde se fortifica-
ron. Y mandó el Governador q[ue] para que pudiessen passar
aquel año, que sembrassen allí, pues sabían la falta que lleua-
van de bastimentos; a quien respondió la Infantería, que ellos

no yvan a sembrar, sino a conquistar tierras y buscar oro y plata para su Rey y señor, que no cuydasse de su sustento, que ellos lo buscarían.

Pidió el Maese de Campo licencia al Governador para entrar la tierra adentro con quinientos infantes, y aunq[ue] lo rehusó por entonces, vino a conceder el ruego que le pedía, eligiendo los quinientos Infantes toda gente de valor, y esfuerço, donde fue ella vsando su oficio de Ayudante, como antes, y empeçando a marchar con su gente caminaron dos días con muy grande gusto, y al tercero día descubrieron vn Pueblo de Indios de guerra, los quales, como sintieron nuestra gente, se pusieron en arma; auiendo ocurrido de otros pueblos vna muchedumbre de Indios a la defensa y llegando los nuestros a querer entrar en el lugar, se defendieron, aunque eran muy cobardes, q[ue] oyendo disparar los arcabuzes, huían; aquí, dize, mataron muchos dellos, y entrando en el lugar [los nuestros, se retiraron vnos a la mezquita, otros salieron huyendo del lugar], y los que se quedaron, temerosos no les pegássemos fuego a los techos de la mezquita, que eran de paja, muy curiosamente labrados, los derribaron luego y salieron della a la plaça vna turbamulta de Indios tan grande, que con los que luego ocurrieron, cabían a más de veynte con cada vno de los nuestros, pero dando en ellos murieron infinitos, y viendo que los ívamos matando apriessa, desampararon el pueblo. Y saliendo el Maese [de] Campo de la Mezquita algo enojado de que se le avía escapado vn Indio de las manos, a quien desseava coger viuo, para saber dél en qué paraje estauan y qué tierra era aquélla, y al tiempo que salió fuera, quitándose la zelada de la cara, para enjugarse el sudor, estaua enfrente vn árbol, donde estava escondido vn Indio muchacho de hasta doze años, y viendo al Maese de Campo descubierto el rostro, alçó el arco, y con sola vna flecha que tenía, le tiró y dio en el ojo yzquierdo, de que cayó allí; y viendo los Indios que avía caydo y conociendo ser cabeça de los nuestros, acometieron furiosos a los Españoles, los quales hizieron tal estrago en los Indios, que corrían arroyos de sangre por la plaça, y desampararon el lugar. Llegó luego orden del Governador, que pena de la vida y traydor, el que no se retirara, y entonces estauan los Españoles para passar el río del Dorado matando muchos Indios, mas obedecimos el mandato, aunque muchos no querían bolver, codiciosos con aver hallado en algunas casas de Indios más de sesenta mil pesos de oro en polvo, y en el río cogieron con los sombreros muy gran cantidad de oro en polvo, por ser aquel río de muy gran riqueza, y suele, quando baxa, dexarse más de tres dedos de gruesso de oro en polvo en todo aquello que mengua. El Maesse de Campo murió dentro de tres días del flechazo del Indio. Bolvieron donde estaua el Governador, y dándole quenta de todo, le pidieron les dexasse bolver a conquistar aquella tierra, que avía en ella grandes riquezas, y el Governador no lo quiso conceder, y visto esto lo desampararon muchos soldados, y ella con ellos, caminando de noche y llegando a poblado de Christianos, dize se fue a la ciudad de Chuquiago y de allí a las Charcas, con empleo de algunos reales que tenía, y vna noche lo perdió todo, de donde se fue al Potosí, y posó en casa del Capitán Francisco de Ayanumen, y dándole cuenta de su vida, le pesó al dicho Capitán, y le dio diez mil pesos para que fuera a los llanos de Cochabamba y Mizque, y allí los empleara en cosas de la tierra, y haziéndolo assí y empleándolos, se bolvió al Potosí, y en el camino, antes de passar el río de la Plata, encontró vna muger moza, bien aderezada, que estava aguardando ocasión para passar el río, y como la vido, se admiró, considerando era alguna muger principal, la qual dixo la passase de la otra parte del río, y subiéndola a las ancas del cavallo, la passó, aunque con harto trabajo, por yr el río crecido, y dándole muchas gracias por la merced de averla passado, le rogó la llevasse a las Charcas, donde allí tenía su madre Monja. Hízolo assí, no atendiendo a más que al hazerle buena obra a aquella muger; y prosiguió su camino, después de aver andado algunas leguas, bolvió esta señora la cara atrás, vido vn hombre en vn cavallo, que venía hazia ellas, el qual aviéndose acercado a trecho que le conocieron, dixo ella despavorida, que aquél era su marido, que venía a matarla, y le pidió apretadamente la defendiesse dél, lo qual prometió de hazerlo. Y llegando cerca vnos de otros, se apeó ella del cauallo, dexando a la señora en él, diziéndole se fuera caminando, pues estava cerca [d]el lugar, que ella le defendería de su marido, el qual, como llegó, le dixo: traidor[a],

[¿]cómo me llebas a mi mujer[?], y alzando la escopeta, le apuntó, al qual le dijo ella que si no apuntaua bien, lo avía ella de matar; y viendo Dios el zelo con que defendía aquella causa, quiso no diesse fuego el escopeta, y viniendo a las manos, estuvieron peleando gran rato y le dio a él tres heridas de que cayó en el suelo, y salió ella con vna muy peligrosa. Y dexándolo por muerto, se fue al lugar, y se retraxo en la Iglesia. Y el hombre que avía dexado por muerto no lo estando, se fue a la justicia, y querelló desta mujer (aviéndose ya puesto en cobro la suya natural, yéndose a el Convento donde estaba su madre) y averiguado el caso y la verdad dél, se libró.

En este mismo lugar, vna noche, estando en su posada, le persuadieron tres mercaderes del Potosí, hombres ricos, que jugasse vn poco, y ella se rehusó, porque vido vnos naypes hechos de intento para ganarle, y finalmente, porfiada de todos, se sentó a jugar mano a mano con vno, y aunque avía vellaquería, le ganó en menos de dos horas cincuenta mil pesos, y recogiendo su dinero, no quiso jugar más, de que se enojó el que avía perdido, tirándole de improuiso los naypes a la cara, diziendo malas palabras. Mas ella, que se sintió afrentada, acelerada con esto, con gran presteza le metió la daga por el cuerpo, de que cayó en el suelo. Los dos amigos del caydo la fueron acuchillando, de donde salió herida, aviendo herido a otro muy mal. En la qual pendencia la prendieron y embargaron quanto tenía; estubo presa cinco meses. En este tiempo sanó de la herida el con quien avía jugado; desterraron a los tres de las Charcas, y a ella a Chile. Aquí le valió la buena obra que avía hecho a la muger en libetarla de su marido, porque su madre, que era monja y persona que valía, alcançóle alçaran el destierro, agradecida al bien que le avía hecho a su hija.

Fuesse de aquí a Lima, donde estuvo cosa de nueve meses, hasta que llegó tiempo que saliesse el armadilla del Mar del Sur para Panamá del Callao y assentó ella plaça de soldado, y se acomodó por Camarero del General don Ordoño de Aguirre; hizieron aquel viage en salvamento, y entonces traxeron al Marques de Montesclaros, que yba por Virrey al Pirú, al qual hallaron en Panamá, donde avía arribado con tormenta. De aquí bolvió a Lima con doze mil pesos, y halló toda la

Ciudad alborotada por tener al Inglés dentro del Callao, y entonces se embarcó en la Almiranta; yva por General don Rodrigo de Mendoza, sobrino del Marqués de Montesclaros, y a las tres de la tarde desembocaron por el puerto, y encontrándo[se]l con el enemigo, procuraron ganalle el barlovento, y a las onze de la noche le embestimos, començando a pelear; en poco espacio abordó nuestra Almiranta con la Capitana del Inglés, en que murió mucha gente de vna y otra parte, y saltando los nuestros en la Capitana del enemigo, le matamos infinita gente; aquí dize, peleó varonilmente, no valiéndose de arcabuz para pelear, sino de espada y rodela, siendo de los primeros que saltaron en la nao del enemigo, que, viendo su perdimiento, se pegaron fuego con intento de abrasar [a] los Españoles, que avían abordado con el Almiranta, siéndoles fuerça el retirarse, por evitar el peligro. Murieron muchos enemigos, y algunos de los nuestros. Quemóse el Almiranta contraria, y otra nao que echamos a fondo, con que le obligamos a retirarse; y bolviéndose al punto nuestra armada, dize saltó en tierra, y al punto salió de la Ciudad, donde recogió vn poco de dinero que avía dado a guardar, y se fue al Cuzco, y posó en casa del Tesorero Salzedo, donde estuvo de assiento, ocupándose sólo en jugar. Y vn Lunes por la mañana, yendo a oyr Missa al Convento de Nuestra Señora de las Mercedes, oyó en la mesma calle de las Mercedes ruydo de juego en vna casa donde no avía entrado nunca, aunque se ocupaua siempre en jugar; oyó Missa y al punto se fue al juego, donde entrando vido seys hombres, todos Extremeños y manchegos, los quales se parauan muy largo; començó a jugar, a quienes ganó en tres suertes más de ochocientos pesos. Estando en esto, entró vn soldado, que por ser temido de todos, le llamauan el nueuo Cid, y ganando ella vna mano, metió él la suya, y le cogió vn puñado de reales, sintiólo mucho, y alçando el rostro, los miró a todos, y baxándolo, sin dezir nada, bolvió a jugar y de allí a poco bolvió a meter la mano y sacó otro puñado de reales, al qual le dixo que ya yvan dos con aquélla, pero que se guardasse de la tercera, que no la consentiría. Salióse el nuevo Cid retorciéndose el viguote, echando botos por la puerta fuera, y los que estavan dentro le dixeron a ella que no tomara pesadumbre, que aquel soldado viuía de aquello y se le consintía. Passóse esto, y a cosa de las doze del día bolvió el nuevo Cid y púsose detrás della, la qual, como lo vido, empeçó a yr acomodando el dinero que tenía en la mesa. El soldado, que vido esto, metió la mano para sacar más dinero, y viendo ella su desvergüença, sacó la daga y le clauó con la mesa. Alborotóse el juego contra ella, y a cuchilladas, como eran muchos, la llevaron vna calle abaxo, y al rebolver della, la conocieron quatro Vizcaynos, que defendieron su lado y se lo uvieron con los seis, quedándose sola con el nuevo Cid, el qual le dio dos estocadas a ella, de que cayó junto al Convento de San Francisco, y el soldado, conociendo la avía muerto, se asió de las aldavas de las puertas, pidiendo Iglesia. Ella, alçando la cabeza, se levantó y endereçando a él, se tiraron a vn tiempo dos estocadas, y desviando la del contrario, le metió ella su espada a su enemigo por el cuerpo, de que cayó muerto, y ella de las heridas a otra parte. Salieron los Frayles para confessarlos, el vno estava espirando, [a] ella le faltaba poco, y con todo no quiso confessar. Lleváronla en casa del Tesorero, curáronla, y declararon los cirujanos no viuiría dos oras, que confesasse y pusiesse bien su alma. Pidió por confessor a vn Padre de la Compañía, llamado el Padre Maestro Luys Ferrer, a quien se descubrió que era muger; admiróse el padre de oyrla, fue Dios servido se le dilatasse la vida, y ordenaron llevarla a San Francisco y que allí se curase, porque no la castigase la justicia. Estuvo allí cinco meses, y el padre, su Confessor, la visitaua cada día, y rogaua se descubriesse: respondió que en aquella tierra no lo avía de hazer. Finalmente, a cabo del tiempo dicho, estando buena, se bistió muy bien, y la gente de su nación determinaron se fuera del lugar, porque no la matassen, y le dieron cinco Negros que fueran en su compañía, y vna noche salió bien acompañada, llegó otro día al río de Apurima, y el juez de allí era deudo del muerto, y teniendo noticia della y su venida, salió a prenderla y se defendió valerosamente, matándole vno de los Negros. Ocurrió aquí tanta gente al favor de la justicia, que la prendieron: acumuláronsele muchas causas, sentencióle luego a muerte el juez, sin embargo de apelación, apercibiéndole confesasse. Embió ella a llamar a su confessor, que era el padre de la Compañía, que al punto vino, el qual, viendo la resolución del juez y hallándose ella tan apretada, tuvo por bien descubrirse, y hízolo el padre de vn modo discretíssimo, y con buena traça, por donde se dilató el término, y visto de espacio el pleito, el ser muger (como honestíssimamente dieron fe las comadres, y estar donzella) los años que avía servido al Rey, los valerosos hechos que en muchas ocasiones avía conseguido, y los oficios honrosos con que avía sido premiada (habiendo sido de su parte Obispos, Governadores, muchas cartas de favor, y juntamente la nobleça de los Vizcaynos) se libró. Encargóse della el señor Obispo del Cuzco, y de disponer sus cosas en orden al prouecho de su alma, y assí vistiéndola en ábito de monja, ordenó embiarla a España, como lo hizo.

Esto y lo que se dixo en la primera relación es la verdad de lo sucedido en el discurso de veynte y quatro años que anduvo peregrineando esta muger; déxanse algunas cosas no de mucha sustancia, que dezirlas es cansar a quien por curiosidad las leyere. Desembarcóse en Cádiz, donde la vio mucha gente, y se publicaron sus hechos. Llegó a Seuilla, estuuo en ella algunos días y la habló mucha gente, que su talle, habla y disposición dezían muy bien el valor que avía en ella. Va a Roma, pretende ver y hablar a su Santidad, a quien (después de estar a su obediencia muy prompta) piensa pedirle algunas cosas, que sean en orden al bien y quietud de su alma. Y [que] en España, el Rey, nuestro señor, le premie, como espera, de los servicios, que en su defensa ha obrado, mostrando papeles para su satisfacción.

En otra se dará relaç[i]ón de lo sucedido en estas partes, hasta su muerte.

Impresso con licencia, en México, por Hipólito de Rivera, s.f.

Última y tercera relación, en qve se haze verdadera del resto de la vida de la Monja Alférez, sus memorables virtudes, y exemplar muerte en estos Reynos de la Nueva España.

Graciosamente alentada, y como osada animosa de la suerte, que en la segunda parte diximos, para conseguir en el efecto el propósito que de yr a Roma tenía. Se embarcó en Cádiz aquella que Metrópoli vn tiempo de Hércules [fue], ya a la continua vesindad del mar, tantos edificios ha asolado, que oy en la quietud de sus aguas tal vez de la vista penetradas, descubre los picachos de sus Torres, si vn tiempo emulación de las nubes, ya lamentable estrago de la ruyna, yba en vn Navío, que en compañía de otro llevavan la derrota a Barcelona y a los tres días de su viaje, y que con tiempo bonancible caminavan, y al presente con viento pajaril velejava toda la lona, o en el tiempo fiados, o en el sosiego gustosos sentados en el combez los Marineros que como el Capitán eran Franceses, y naciones entretenían el viage platicando. Movió vn soldado Francés plática de algunos hechos, adelantando a su Rey a los mayores del mundo, parado temerariamente en que en aquel tiempo como las avía le estava muy bien a la Monarchía de España tener pazes en Francia. Motivo fue éste para que nuestra peregrina (que assí la llamaremos de aquí adelante) mostrase el valor que la ordenava, pero más que despechada atenta a la ocasión presente, discurriendo el notorio peligro a que se exponía, por verse entre tantos, que de necessidad avían de seguir vna voz, pues en el Navío no yban Españoles, mas que ella, le dixo al que temerariamente avía hablado mucho de la passión te lleuas, quando era bien que atendieses que la monarchía de España tiene tales Leones por

193

hijos, que sólo con el calor de los Rayos de sus Reyes, han presso algunos de los que han governado a Francia, a pesar de [los] innumerables vasallos suyos; a [lo] que ayrado el Francés, le dixo assí: si tu vanagloria estriba en la lamentable historia del Rey Francisco, no están de parte del valor las contingencias de la guerra; el de mi Rey es tan grande, que si se ofreciera como sus gloriosos antepassados, darle livertad con su acostumbrada magnificencia, a alguno que Rey de Francia se le opusiera, lo hiziera con liberada galantería; con vn mientes le respondió el Francés, y queriéndose poner en pie le ayudó nuestra peregrina, cogiéndole impençadamente en los braços, y dellos arrojándole al mar, adonde por caer atontado de vn golpe se ahogó; procurando la vengança los demás en la peregrina, y cayendo al retirarse al mar, anduvo tan feliz, que viniendo el otro Navío como medio quarto de legua, la vieron caer, que echándose mar en travéz, y arrojándole vna guindaleza con vna boya, salió por ella, desembarcándose después, y siguiendo su viage hasta llegar a Roma a donde su Santidad, marauillado de sus hazañas, a su pedimento le concedió pudiesse andar en traxe de hombre, y en quatro láminas del Patriarcha San Ioseph, otros tantos jubileos, para que si gustasse, hiziesse gracia dellos a las personas que quisiesse. Replicóle a su Santidad, vn Cardenal mirasse bien que no era justo hazer exemplar para que las mugeres que avían sido religiosas anduviesen en traje indecente, a [lo] que su Santidad respondió, dame otra Monja Alférez, y le concederé lo mismo. Bolvió a España, y mediante vn valedor habló a su Magestad, y después de aver visto sus papeles en el Consejo de guerra, le libró en las caxas Reales de Manila, México, o Perú quinientos pesos cada año.

Presentó la Cédula al Marqués de Cerralvo, y por Mandamiento suyo se le pagó en la caxa real la cantidad en la Cédula contenida.

Algunos años passó con su cobrança, y comprando vna requa, y traginando con ella, se ofreció hazer viage a Ialapa del Valle, dióle cierto mercader vna carta para la persona que allí era Alcalde mayor, informándole cómo nuestra Peregrina era muger, mediante que podía muy bien entregarle la hija que tenían tratado entrase Religiosa en vn Monasterio desta Ciudad, dio la carta en mano propria, y cómo en ella auisauan que era hembra, y en ella vían señales al parecer de muy hombre, para salir de la confusión en que estava, mandó a las hijas que tenía ordenasen vn baño, y para él convidasen a nuestra Peregrina; hiziéronlo assí, y aviendo ace[p]tado, puesto el Alcalde Mayor a donde las vía, y no podía ser visto, con la experiencia conoció que era verdad lo que le avían escrito, con que al día siguiente le entregó a la dama que avía de ser Religiosa, y caminando con ella de su hermosura enamorada, llegaron a vn paraxe que llaman el Chilar, adonde encontró el Alcalde Mayor de aquella juridicción, que con sólo vn criado caminava, preguntóle a dónde lleuava aquella dama, a [lo] que nuestra Peregrina respondió que a México; [¿]es su muger[?], le dixo muy embarado, y ella le respondió, ni es possible serlo; esso pregunto; dixo el señor de la bara: señora hermosa, quítese vuestra merced la mascarilla, que importa al servicio de su Magestad, a lo que nuestra peregrina, medio enfadada, le respondió: ni Su Magestad tendrá noticia de nuestro viage, ni a su Real servicio hace al caso, quitarse, o no quitarse la mascarilla que no se ha de conseguir menos que passando por dos balas que tiene este arcabuz, aplacó nuestra justicia la cólera, diziéndole a su criado que picase, y bolviendo la rienda, dio a entender que yba a buscar auxilio, pero nuestros caminantes se dieron tan buena maña, que en quatro horas se pusieron en otra jurisdicción caminando sin estorvo hasta llegar a México, adonde con aplausos grandes fueron recebidos de los parientes de la dama que venía a entrarse Religiosa, y tratando poner por execusión el fin para que avía sido trayda, la vido vn hidalgo que enamorado a sus muchas partes la pidió por esposa, súpolo nuestra Peregrina, y zelosa llegó a tanto estremo, que le ofreció a la dama, porque entrase Religiosa dotarla, y demás de la dote ponerle tres mil pesos a renta, y darle la mitad de lo que cobraua en la Real caxa, y ella bolverse de nuevo a entrar en el Convento con ella: pero a su despecho se desposó la dama, y a nuestra Peregrina del zeloso disgusto, le dio vna grave enfermedad, sanó y teniendo por menor daño tenerla embidia a los ojos, que morir de ausiencia de los de su querida: se entró vn día a verla, siendo de su amada como del que era su esposo bien recebida, continué muchos días [en] visitarlos, hasta que excediendo zelosa de otras damas los limites de la modestia, obligó a su esposo a dezirle no le entrase en su casa, éste fue trance que la puso en peligro de perder el juizio, mas apelando al valor, le escribió al [que] ya juzgaua contrario el papel siguiente:

Cuando las personas de mi calidad entran en vna casa con su nobleza, tienen asegurada la fidelidad del buen trato, y no aviendo el mío excedido los límites que piden sus partes de vuestra merced, es desalumbramiento impedirme el entrar en su casa; demás, que me han certificado, que si por su calle passo, me a de dar la muerte, y assí, yo aunque muger pareciéndole impossible a mi valor, para que vea mis bizarrías, y consiga lo que blaçona, le aguardo sola detrás de San Diego, desde la vna hasta las seis. —*Doña Chatherina de Erauso*.

A lo que el despoçado respondió con el siguiente*:*

Poco deuiera a las muchas obligaciones, que a mi calidad professa, si viéndome tan desigualmente desafiado, me dexara llevar del enojo, que siendo vn hombre pedía, pero siéndolo de vna muger, no es bien tan de conocido arr[i]esgar la reputación adquirida, y assí sirbiéndose vuestra merced de dexar esso para los hombres, puede exercitarse en encomendarse a Dios, que la guarde muchos años.

Bolcanes arrojava nuestra Peregrina por los ojos, viendo assí burlado el fin de sus esperanças, y determinada a vn despeño, le emprendiera a no aver sabido el caso personas de mucha importancia, que desseando la quietud de los dos, los hizieron amigos. Cosa de vn mes sería el tiempo que esto avía passado, quando la Peregrina vido a su reconciliado amigo, que con espada, y broquel, de tres hombres se defendía, y con valor los ponía en cuydado; llegó ella con espada y daga desnuda, y poniéndose a su lado, le dixo, señor hidalgo, los dos, a los que salieren, y diciendo esto, acometió a los tres adversarios con tanto ímpetu, que viendo aquel a quien favorecía su demasiado arrojo, le dixo: señor Alférez, blanda la mano que importa; pusiéronlos en paz otros que llegaron, y quando el favorecido en la pendencia yba a darle las gracias del beneficio, oyó que bolviendo las espaldas, y embaynando el azero le dixo, señor hidalgo, como de antes, no le replico a esto, y sabida la bizarría de su despejo, se celebró mucho de los que la conocían: prosiguiendo siempre en el tragino de la harriería. El año de 1650, yendo por el camino nuevo con carga fletada a la Vera Cruz, adoleció en Quitlaxtla del mal de la muerte, y falleció con vna muerte exemplar y con general dolor de todos los circunstantes, dieron del caso aviso en Orizava, yendo a su entierro lo más luzido de aquel pueblo por ser amada de todos los Presbíteros y Religiosos que se hallaron allí, le dieron con vn sumptuoso entierro, sepulcro honorífico.

Tenía todos los días por costumbre rezar lo que es de obligación, a las Religiosas professas, ayunava toda la Quaresma y los advientos y Vigilias, hazía todas las semanas, Lunes, Miércoles y Viernes tres deciplinas y oya todos los días missa.

He oydo a dos personas virtuosas y de mucha fidelidad, que el señor Obispo don Juan de Palafox, hizo poner en su sepulchro vn epitafio honorífico, y que por prodigio de mugeres intentó traer sus huesos a la Ciudad de la Puebla.

En esto se conocerá de su suerte que Dios obra piadosamente, pues quando a esta muger se le podía esperar el castigo, que por averle buelto las espaldas se pudiera temer; le dio de vida más de sinquenta años, y en ellos gracia para que no obstante lo terrible de su condición, no olvidada de la virtud permaneciesse en ella, constante como de sus exercicios se infiere.

Impressa: con licencia en México.
En la Imprenta de Hipólito de Rivera, Mercader de libros.
En el Empedradillo. Año de 1653.

Colección Letras Hispánicas

ÚLTIMOS TÍTULOS PUBLICADOS

513 *El amigo Manso*, BENITO PÉREZ GALDÓS.
   Edición de Francisco Caudet.
514 *Las cuatro comedias. (Eufemia. Armelina. Los engañados. Medora)*,
   LOPE DE RUEDA.
   Edición de Alfredo Hermenegildo.
515 *Don Catrín de la Fachenda. Noches tristes y día alegre*, JOSÉ JOAQUÍN
   FERNÁNDEZ DE LIZARDI.
   Edición de Rocío Oviedo y Almudena Mejías.
516 *Anotaciones a la poesía de Garcilaso*, FERNANDO DE HERRERA.
   Edición de Inoria Pepe y José María Reyes.
517 *La noche de los asesinos*, JOSÉ TRIANA.
   Edición de Daniel Meyran.
518 *Pájaro Pinto. Luna de copas*, ANTONIO ESPINA.
   Edición de Gloria Rey.
519 *Tigre Juan. El curandero de su honra*, RAMÓN PÉREZ DE AYALA.
   Edición de Ángeles Prado.
520 *Insolación*, EMILIA PARDO BAZÁN.
   Edición de Ermitas Penas Varela.
521 *Tala. Lagar*, GABRIELA MISTRAL.
   Edición de Nuria Girona.
522 *El Rodrigo*, PEDRO MONTENGÓN.
   Edición de Guillermo Carnero.
523 *Santa*, FEDERICO GAMBOA.
   Edición de Javier Ordiz.
524 *Historia de la Monja Alférez, Catalina de Erauso, escrita por ella misma*.
   Edición de Ángel Esteban.
525 *La fuente de la edad*, LUIS MATEO DÍEZ.
   Edición de Santos Alonso.

DE PRÓXIMA APARICIÓN

La amada inmóvil. En voz baja, AMADO NERVO.
   Edición de José María Martínez.